Judith Williams

Wie Träume fliegen lernen

Judith Williams

mit Antje Bähr

WIE TRÄUME FLIEGEN LERNEN

ARISTON

Sollte diese Publikation Links auf Webseiten Dritter enthalten, so übernehmen wir für deren Inhalte keine Haftung, da wir uns diese nicht zu eigen machen, sondern lediglich auf deren Stand zum Zeitpunkt der Erstveröffentlichung verweisen.

Bibliografische Information der Deutschen Bibliothek

Die Deutsche Bibliothek verzeichnet diese Publikation in der Deutschen Nationalbibliografie; detaillierte bibliografische Daten sind im Internet unter http://dnb.de abrufbar.

MIX
Papier aus verantwortungsvollen Quellen
FSC® C014889

Verlagsgruppe Random House FSC® N001967

Redaktion: Evelyn Boos-Körner
Umschlaggestaltung: Eisele Grafik-Design, München
unter Verwendung eines Fotos von Julia Saller
Bildredaktion: Bele Engels
Satz: Buch-Werkstatt GmbH, Bad Aibling
Druck und Bindung: Pustet, Regensburg
Printed in Germany

ISBN: 978-3-424-20189-5

Inhalt

Vorwort

»Wie schaffen Sie das eigentlich alles auf einmal: Fernsehauftritte, Familie, Unternehmertum? Haben Sie da ein Patentrezept?« Immer wieder werde ich das in Interviews und Gesprächen – sei es beruflich oder privat – gefragt. Oft neige ich dann dazu, einen kleinen Vortrag über mein bisheriges Leben zu halten und zu erklären, dass alles eigentlich gar nicht so schwer ist: Ich liebe den Wandel und die damit einhergehenden Herausforderungen, denn das sind die aufregendsten Abenteuer im Leben. Wer sich darauf einlässt, wächst und entwickelt sich persönlich weiter. Das war und ist schon immer meine Devise und – wenn Sie so wollen – mein Patentrezept!

Es gibt unendlich viel Fachliteratur zu allen möglichen Themen, und irgendwann legt man sie zur Seite und denkt sich: So kann das bei mir nicht klappen!

Meine Erfahrung zeigt, dass ich Menschen mit Beispielen und Geschichten aus meinem Leben viel besser erreichen kann: Wie bewältige ich meinen Alltag? Wie gehe ich mit Niederlagen und Tiefschlägen um? Und wie habe ich sie verarbeitet, um da zu stehen, wo ich heute stehe? Wie nutze ich Chancen? Was bedeutet Erfolg für mich? Wenn ich einen Vortrag halte, bedanken sich viele Zuhörer oft am Ende dafür, dass sie etwas für ihr Leben aus meinen Erzählungen mitnehmen konnten. Das freut mich immer besonders.

Und genau aus diesem Grund habe ich dieses Buch geschrieben: Es ist ein Einblick in mein Leben als sogenannte »Erfolgsfrau«, als Mutter, Ehefrau, Business-Frau und »Show-Frau« oder »Mädel-für-alles-Frau«, wie ich mich selbst gerne nenne. Dabei geht es mir nicht darum, angelerntes Wissen oder Können zu vermitteln, sondern um die Fähigkeit, in schwierigen Situationen das Beste zu geben und sich zu trauen, Schritte zu gehen, die zumindest mich um Meilensteine vorangebracht haben. Das Wichtigste dabei: heiter und gelassen bleiben, um mit Leichtigkeit – und wenig Eitelkeit und Ego – in die erste Reihe zu gelangen. Dabei werden Sie vielleicht feststellen, dass auch der Platz in der zweiten und dritten Reihe erfüllend ist. Kurz gesagt: Der Weg ist das Ziel.

Ich möchte mit diesem Buch besonders Frauen ermutigen, ihren beruflichen und familiären Weg so zu gehen, wie sie es sich wünschen – ohne Klischees erfüllen zu müssen. Dabei möchte ich mit einigen Vorurteilen aufräumen, ohne jedoch den Zeigefinger zu erheben. Stattdessen rufe ich lieber jeder Einzelnen von Ihnen zu: »Lebe deinen Traum – du hast es verdient!« Und vor allem: »Hab niemals Angst vor Veränderungen, denn sie sind deine Chance!« Davon bin ich ganz fest überzeugt.

Ihre Judith Williams

Kapitel 1

Die Magie des Lebens

… und wie werde ich eigentlich glücklich?

Zurück zu den Wurzeln

Wenn Sie mich heute fragen, ob ich glücklich bin, kann ich mit einem aus tiefstem Herzen kommenden und lauten »Ja« antworten. Und wenn Sie wissen wollen, ob es den einen, ganz sicheren Weg zum Glück gibt, sage ich ganz klar: »Nein.« Denn meiner Erfahrung nach gibt es so viele Wege zum Glück, wie es Sterne am Himmel gibt. Jeder Mensch darf sich über andere Sterne freuen, die ihn erfüllen, bereichern und glücklich werden lassen. Meine Sterne füllen ein ganzes Universum – so reich und beschenkt fühle ich mich mit meinem Leben, das so viele verschiedene Facetten hat, dass mir manchmal ganz schwindelig wird.

Ich lebe mit meinen beiden Töchtern Sophia und Angelina, meinem Mann Alexander und unserer Hündin Sissi im Fünf-Seen-Land. Zwischendurch kommen meine beiden Bonus-Söhne Vincent und Laurin (aus Alexanders erster Ehe), Freunde meiner Kinder, Nachbarn, Schwestern, Brüder, Onkel, Tanten und Eltern zu Besuch, die unser Haus allesamt zu einem großen, lebhaften Ort werden lassen, in dem jeder willkommen ist. Ich habe ein enges Verhältnis zu meinen Eltern und meinen beiden Schwestern, liebe es zu lachen und mit meinen Kinder verrückt zu tanzen, um mich danach kichernd mit ihnen über den Boden zu kugeln. Mein Weg zum Glücklichsein war manchmal ein steiniger, meistens ein abwechslungsreicher, aber ein extrem spannender, der mit einer verrückten Kindheit in München und später in der Nähe von Trier begann.

Mit einem Opernsänger als Vater, einer Mutter, die eigentlich zu anderem berufen war, als nur Hausfrau zu sein, mit zwei Schwestern und mit sechzehn Perserkatzen. Auch wenn wir nie viel Geld hatten, waren meine Eltern immer wahnsinnig fleißig. Als amerikanische Einwanderer kamen sie nach Deutschland, und mein Vater verkaufte, während er an der Münchner Musikhochschule studierte, nebenbei Stereoanlagen. Später eröffnete er mit meiner Mutter einen Pudelsalon, und die beiden erkannten schnell das Erfolgsgeheimnis eines solchen Geschäfts: Weil die meisten Kunden vor allem deshalb vorbeikamen, um ein wenig quatschen zu können, plauderten meine Eltern angeregt mit den Zweibeinern, während sie die Vierbeiner verschönten. Somit waren zwei Fliegen mit einer Klappe geschlagen, und der Laden brummte ganz von allein. Irgendwann kam ich als erste von drei Töchtern auf die Welt, und ich könnte wetten, dass mein Vater vor Begeisterung eine Arie geschmettert hat. Noch während ich im Bauch meiner Mutter war, hat er mich mit Stücken von Mozart, Puccini oder Verdi durch die Bauchdecke beglückt, und ich bin mir ganz sicher, dass meine spätere Liebe zur Musik eindeutig da ihre Wurzeln hat. Natürlich liebte ich den Pudelsalon, den meine Eltern noch betrieben, bis ich in die Schule kam. So lange war ich eine begeisterte Empfangsdame, die sich viel lieber um die süßen Hunde kümmerte, als in den Kindergarten zu gehen. Sobald die Türglocke läutete, sprang ich den vierbeinigen und zweibeinigen Kunden entgegen und wollte wissen, welche Vorlieben der Hund hat, wie es ihm geht, ob er gebadet werden will, welchen Duft er bevorzugt und welche Sorte Hundedrops er liebt. Im Nachhinein betrachtet, waren das schon meine ersten Verkaufsgespräche, davon hatte ich damals aber noch keinen blassen Schimmer.

Trotz eines florierenden Pudelsalons blieb die größte Leidenschaft meines Vaters der Gesang, weshalb er seine Passion irgendwann zum Beruf machte und sich ganz auf seine Karriere als Opernsänger konzentrierte. Er bekam ein Engagement am Stadttheater Trier, und wir zogen nach Oberemmel, einen kleinen Ort ganz in der Nähe. Auch wenn ich traurig war, dass wir München verlassen mussten, war es eine gute Entscheidung. Denn dort begann die Karriere meines Vaters als Basso profundo, die ihn ein Leben lang erfüllte. Er sang an allen großen Opernhäusern der Welt, ob am Teatro dell' Opera in Rom, am Teatro La Fenice in Venedig oder an der Metropolitan Opera in New York. Doch bis dahin war es ein langer Weg, und obwohl wir die meiste Zeit finanziell alles andere als gut gestellt waren und sehen mussten, wie wir durchkamen, hatte ich trotzdem immer ein sattes Lebensgefühl. Und wenn ich heute sage: Man muss ein bisschen verrückt sein, um glücklich zu sein, dann denke ich dabei vor allem an meine Kindheit, die mich ein bisschen an Pippi Langstrumpfs Leben in der Villa Kunterbunt erinnert. Mit einer unglaublichen Fantasie und Lebensfreude wurde aus wenig viel gemacht – eine Gabe, die meine Eltern uns erfolgreich vermittelten und die dafür sorgte, dass wir alle rundum glücklich waren.

Da wir keinen Fernseher hatten, mutierte ich regelmäßig zur Unterhaltungsmaschine von Mom und Dad. Jeden Abend brauchten sie ein neues Programm, und ich tanzte, sang, moderierte und witzelte, was das Zeug hielt. Eine Frisuren-Show für meine Mutter, Interviews mit meinem Vater, dem bekanntesten Opernsänger der Welt – ach was, des ganzen Universums –, vor fiktivem Publikum oder ein frei erfundenes Lied über »die Liebe, die an eine Gurke erinnert«, weil sie »so schlank, so schön, so grün und so knackig ist«. Meine Eltern haben Tränen gelacht vor Begeisterung, und ich behaupte bis heute, dass meine Shows besser waren als »Wetten, dass ...?« und »Jay Leno« zusammen. Als meine Schwestern, die zehn und acht Jahre jünger sind als ich, geboren wurden, freute ich mich wie eine Schneekönigin. Endlich konnte ich die Aufmerksamkeit, die meine Eltern mir zukommen ließen, mit jemandem teilen – endlich musste ich nicht mehr der alleinige Entertainer sein und hatte bei der Präsentation des Fernsehprogramms tatkräftige Unterstützung.

Es waren Zaubermomente, die ich mit meinen Eltern erleben durfte und die sie auch zugelassen haben, anstatt zu sagen: »Judith, geh doch lieber mal in dein Zimmer und spiel für dich allein.« Stattdessen beflügelten sie meine Fantasie und ließen mich in einer Welt leben, in der ich magische Fee, Hubschrauberpilotin und Retterin der Welt gleichzeitig sein konnte. Wenn ich gefragt wurde, was ich später einmal werden wolle, antwortete ich unsicher so etwas wie: »Sängerin oder Tänzerin vielleicht.« Und jedes Mal erklärte mir mein Vater dann: »My little girl, you can be whatever you want!« Was für ein wunderbarer Satz: Du kannst werden, was immer du willst! Diese Worte haben mich sehr geprägt und mir bis heute gedanklich Flügel verliehen, mit denen ich dorthin fliegen kann, wo immer ich hinmöchte.

Da mir meine Eltern diesen Gedanken schon früh mit auf den Weg gegeben hatten, wunderten sie sich auch nicht über Begebenheiten, in denen ich wie selbstverständlich in meiner Fantasiewelt lebte. Im Alter von ungefähr vier Jahren zum Beispiel hatte ich eine beste Freundin namens Nikolett, die aus Ungarn kam und erst vor einem halben Jahr nach Deutschland gezogen war. Ständig erzählte ich zu Hause begeistert von diesem Mädchen, und meine Mutter schlug vor, dass ich sie doch unbedingt einmal einladen solle. Ich fragte Nikolett, und sie sagte glücklich zu. Als meine Mutter uns beide vom Kindergarten abholen wollte, wurde sie strahlend von der Kindergärtnerin beiseite genommen und beglückwünscht: »Frau Williams, ich hatte ja keine Ahnung, dass Judith gleich drei Sprachen spricht!« Meine Mutter schaute irritiert und korrigierte dann: »Äh ..., zwei Sprachen meinen Sie. Englisch und Deutsch – dafür aber beides fließend.« Die Kindergärtnerin wunderte sich daraufhin und erklärte verständnislos: »Judith unterhält sich doch seit einem halben Jahr perfekt auf Ungarisch mit ihrer Freundin Nikolett?!« Meine Mutter und die Kindergärtnerin holten mich kurzerhand dazu, und als ich von den beiden ratlosen Frauen dazu befragt wurde, behauptete ich steif und fest: »Klar, spreche ich Ungarisch, oder was denkt ihr, wie ich mich mit Nikolett unterhalte? Sie kann ja gar kein Deutsch!« Die Kindergärtnerin blickte mich mit einem ermahnenden Lächeln an: »Judith, nicht flunkern. Aber wenn du dich für Ungarn interessierst, können wir mal zusammen in die Bücherei gehen und schauen, ob wir ein schönes Buch über dieses Land finden.« Ich hatte keinen blassen Schimmer, was die Kindergartentante von mir wollte – da nahm mich meine Mutter lächelnd in den Arm und flüsterte mir zu: »Ich bin so stolz auf dich, wie toll du Ungarisch sprichst.« Ich lächelte erleichtert und war froh, dass wenigstens einer mein unglaubliches frühkindliches Sprachtalent erkannt hatte. Denn wenn die eigene Vorstellungskraft bewirkt, dass man glaubt, perfekt Ungarisch sprechen zu können, dann ist das auch so. Und deshalb bin ich bis heute davon überzeugt, dass ich diese wunderbare Sprache astrein beherrsche! Ein Ungar würde darüber sicherlich anders denken, doch entscheidend ist schließlich, was ich denke. Ein wenig Pippi-Langstrumpf-Philosophie kann ja nicht schaden. Ich mach mir die Welt, wie sie mir gefällt!

Noch heute liebe ich es, mich in Tagträume zu flüchten und mir Dinge vorzustellen, die nicht der Realität entsprechen. Ich darf es gar nicht laut sagen, aber dafür lege ich mich tatsächlich auf meinen flauschigen Badezimmerteppich, schließe die Augen und stelle mir zum Beispiel vor, ich würde in New York über die 5th Avenue flanieren und danach im luxuriösen Peninsula-Hotel eine heiße Schokolade trinken. Als mein Mann mich zu Beginn unserer Beziehung zum ersten Mal auf dem Badezimmerteppich liegen sah, fragte er mich besorgt, ob mir schlecht sei. Woraufhin ich ihm lächelnd erklärte: »Überhaupt nicht, ich träume nur ein bisschen vor mich hin.« Wie gut, dass er mich daraufhin nicht gleich wieder verlassen hat, weil er dachte, die ist verrückt, die Alte! Eigentlich ist es ja praktisch für ihn: Statt teuer nach New York zu reisen, kann ich mir jederzeit einen Tagtraum zu Hause im Badezimmer genehmigen – und bin trotzdem glücklich. Denn irgendwo an der Badezimmerdecke leuchtet ein Stern für mich, der mein Glücksuniversum bereichert.

Meine Schwestern machten es mir in Sachen Fantasie und Kreativität einfach nach. Ich weiß noch ganz genau, wie ich aus der Schule nach Hause kam und meine jüngste Schwester mit einer meiner neuesten Errungenschaften – einem pinkfarbenen Lippenstift – sich selbst und eine unserer weißen Perserkatzen »geschminkt« hatte. Ein Picasso-Bild ist nichts dagegen, was meine Eltern auch gleich anerkennend feststellten, denn ihre Reaktion war: »Wow, was für ein fantastisches Kunstwerk auf vier Beinen!« Es hat Tage gedauert, bis die Farbe wieder vom Gesicht meiner Schwester abging, und die Perserkatze lief ihr restliches Leben in einem leichten Roséton herum. Meine Eltern schimpften trotzdem nicht, sondern freuten sich jedes Mal über die Kreativität ihrer Tochter, wenn sie die Perserkatze sahen.

Wenn wir mit unserem Vater spazieren gingen, tanzten wir gemeinsam durch die Weinberge von Oberemmel, während die Winzer mit offenen Mündern dastanden und uns beobachteten. Wir waren ein wandelndes Revuetheater, und statt der staunenden Winzer waren wir es, die am meisten Spaß hatten. Wie passend, dass in der Region rund um Trier Karneval ganz groß gefeiert wurde – denn was lag uns näher, als da ordentlich mitzumachen? Als Tänzerinnen, Indianerinnen, Räuber und Gendarmen ließen wir es ordentlich krachen. Ich weiß noch, wie mir schon damals auffiel, dass Menschen, die normalerweise von nine to five arbeiteten, plötzlich aufblühten und ein unglaubliches Leuchten im Gesicht trugen. Der Karneval war wohl einer ihrer Sterne, der dafür sorgte, dass sie glücklich waren.

Natürlich gab es auch Momente, in denen ich als Kind sehr wohl spürte, dass wir finanziell keine großen Sprünge machen konnten und ich mich dadurch von vielen anderen Kindern unterschied. Wir fuhren zum Beispiel in den Ferien niemals weg, und ich konnte danach nie erzählen, wie blau das Meer oder wie sandig der Strand war. Wenn mein Vater als Opernsänger Auftritte hatte, reisten wir ihm einfach hinterher. Aber das konnte von Wanne-Eickel bis Hintertupfingen alles sein. Ich erinnere mich noch, wie neidisch ich auf die anderen Mädchen in meiner Klasse war, weil sie so aufwendige Geburtstagspartys schmissen. Da wurde mal kurzerhand ein Bus organisiert, um ins Fantasieland zu fahren, da wurden ganze Kegelbahnen gemietet oder Schwimmbäder belagert. Meine Eltern konnten sich das nicht leisten, und ich beschloss irgendwann, überhaupt nicht mehr zu feiern. Bis meine Mutter mir erklärte, dass ich meinen Geburtstag auch ohne große Kosten zu etwas ganz Besonderem machen könne. »You have to imagine it – Stell es dir vor«, sagte sie und lächelte vielsagend. Wenig später versanken wir begeistert in der Planung. Und als kurz darauf zwölf geburtstagsverwöhnte Mädchen auf der Matte standen und erwartungsvoll Ausschau hielten, was ihnen wohl geboten werden würde, luden wir in unsere selbst gebaute Eisdiele ein, in der Bananasplits mit Schirmchen und Streuseln serviert wurden. Um anschließend in den eigens für sie eröffneten Schönheitssalon zu gehen, in dem ihnen liebevoll Gurkenmasken aufgetragen wurden. Wir hatten das Haus nicht eine Sekunde verlassen, und der Geburtstag war der Knaller. Vor ungefähr einem Jahr hatte ich Kontakt zu einer dieser alten Schulfreundinnen, und sie erinnerte sich lachend an den tollsten Geburtstag aller Zeiten, den wir damals bei mir feierten.

In dieser Phase, in der wir Mädchen unsere ersten Selbstzweifel bekommen, die uns später als Frauen leider oft begleiten, ist es unglaublich wichtig, Eltern zu haben, die einem Bestätigung geben und immer wieder daran erinnern, wie toll man eigentlich ist. Genau das taten meine Eltern und bauten damit unbewusst ein Fundament für mein heutiges Glück.

Mit dreizehn ungefähr durfte ich zum ersten Mal abends auf meine Schwestern aufpassen, damit meine

Eltern ausgehen konnten. Ich schlug ein Backbuch mit amerikanischen Rezepten auf und beschloss, eine ganz besondere, dreistöckige Biskuittorte zu backen. Ich tobte mich so richtig aus und kreierte einen Kuchen, der unten aus Schokolade, darüber aus Aprikosenmarmelade und weiter oben aus Vanille bestand. Als ich noch Mint Jelly von meiner geliebten Tante aus England entdeckte, war ich mir sicher, dass es ganz hervorragend zu meiner Kreation passen würde, und hatte keine Ahnung, dass man es normalerweise zu Lamm aß. Deshalb klatschte ich es einfach obendrauf und versah das Ganze mit einem Kilo Butter, die ich mit grüner Lebensmittelfarbe überzog. Die Torte sah fantastisch aus, und ich konnte es kaum erwarten, sie meinen Eltern zu präsentieren, damit sie probieren konnten. Ich schlief neben meinem Kuchen ein, und als meine Eltern nach Hause kamen, wachte ich auf und überreichte jedem von ihnen mächtig stolz ein Stück Torte. Sie probierten, und mein Vater sagte anerkennend: »It's fabulous interesting!« Und meine Mutter meinte begeistert: »What an adventure!« Ich war absolut glücklich, denn mein Vater fand meine Torte höchst interessant, und meine Mutter sprach sogar von einem Abenteuer. Doch als ich am nächsten Morgen selbst von der Torte kostete, bemerkte ich erstens, dass niemand sonst von der Torte gegessen hatte, und zweitens, wie schrecklich sie schmeckte. Eine schauderhafte Geschmacksexplosion machte sich in meinem Mund breit! Erst Jahre später fragte ich meine Eltern, warum sie mir nicht ehrlich gesagt hatten, dass der Kuchen nicht schmeckte, und mein Vater antwortete: »Weil ich nicht dazu da bin, dir das zu sagen. Ich bin dazu da, dich zu bestätigen. Wenn ich dir die Wahrheit über die Torte gesagt hätte, hättest du nie wieder in deinem Leben einen Kuchen gebacken.« Und wo er recht hatte, hatte er recht! Robin Williams sagte einmal: »Every child deserves a champion: an adult that understands the power of human connection. We are here to connect.« Das ist so wahr: Wir sind hier, um uns mit anderen Menschen zu verbinden, um uns gegenseitig zu stärken, um uns Mut zu machen. Erst dann können erfüllte Menschen aus uns werden, weil wieder ein Stern mehr an unserem Glückshimmel für uns leuchtet.

Zweimal im Jahr wurde ich, wenn »Sale« war, bei C&A eingekleidet. Dann durfte ich mir so viele Klamotten aussuchen, wie ich wollte, und an der Kasse staunten wir über den günstigen Preis, den wir dennoch nur zu zahlen hatten. Ich war immer gut angezogen, hatte Kleider, Lackschuhe, Röcke, Blusen, trug aber eben keine Markenware wie viele andere meiner Schulkameradinnen. Weil ich mich jedoch schon in der Phase des Vergleichens befand, war es mir unangenehm, klamottentechnisch bei den anderen Mädchen nicht mithalten zu können. Auf meinem langen Schulweg, der bereits in aller Frühe um Viertel nach sechs Uhr begann und mich erst in einen Bus und anschließend in einen Zug führte, traf ich immer auf eine Gruppe sehr stylischer, top gekleideter Teenager. Ein Junge, der mit heutigem Blick wahrscheinlich vom anderen Ufer war, wir aber davon alle noch keine Ahnung hatten, legte besonderen Wert auf seine Outfits. Mit ihm lief ich den langen Weg vom Zug zur Schule wie auf einem Catwalk entlang, und er sagte mir irgendwann, er fände, ich sei so gut gekleidet. Wo ich denn meine Kleidung herhätte? Ich zögerte einen Moment und war nicht sicher, ob ich ihm anvertrauen sollte, dass es simple C&A-Mode war. Doch als ich ihm die Wahrheit sagte, war er begeistert und beglückwünschte mich zu meinem guten Geschmack. Egal, wie teuer die Sachen waren, Hauptsache sie sahen gut aus. Meine Leidenschaft für Handtaschen, Schuhe und Kleidung wurde also in meiner Kindheit fest verankert, und noch heute fühle ich mich an Tagen, an denen ich mit dem falschen Bein aufgestanden bin, durch das Tragen von schönen Klamotten sofort besser. Ein oberflächliches Glück, das aber meistens völlig genügt, um zumindest gut durch den Tag zu kommen.

Dass manchmal wenig reicht, um glücklich zu sein, habe ich schon damals an den Freunden meiner Eltern gesehen. Sie hatten einen großen Freundeskreis, bei uns ging es immer zu wie in einem Taubenschlag. Manche ihrer Freunde waren arm, manche reich. Doch schon als Kind hatte ich das Gefühl, dass die, die materiell am wenigsten hatten, am glücklichsten waren. Ich liebe Italien und Griechenland, die neben der Tragödie die Liebe vergöttern. Diese beiden Kontraste, die das Leben widerspiegeln, könnten größer nicht sein und lassen die Menschen dort doch so lebendig und fröhlich erscheinen. Sie sind laut, umarmen sich viel und gern, küssen sich, streiten sich und lieben die Emotionen. Diese Länder haben sicher nicht das Bruttosozialprodukt, das wir gewohnt sind, dafür haben sie viel mehr: nämlich glückliche Menschen.

Für immer unvergessen

Aber zurück zu meiner Kindheit: Weil meine Mutter das Wort Pünktlichkeit bis heute nicht buchstabieren kann, holte sie mich nach der Schule in der Regel immer viel zu spät ab. Es war zwar furchtbar nervig, doch sie hat mir dabei etwas Essenzielles beigebracht, nämlich Geduld. Wenn sie dann kam, hatte sie – wie auch sonst in sämtlichen Lebenslagen – immer einen lockeren Spruch auf den Lippen: »O Darling, wie gut, dass du dich nach der Schule noch ein bisschen ausruhen konntest.« Wenn jemand gestorben war, erklärte sie »Mei, der hat sich halt verabschiedet«, und ihr Lieblingsspruch ist bis heute: »Gehe nicht durchs Leben, tanze durchs Leben.« Ganz hoch im Kurs stand ebenfalls: »Der Reichtum sind nicht die Dinge, die du anhäufst, sondern die, die du in dir drin trägst.« Was immer passiert sein mochte – ob ich traurig oder frustriert war –, nach solch einem Spruch fühlte sich alles nur noch halb so schlimm an. Selbst die Tatsache, dass ich manchmal bis zu zwei Stunden auf den kalten Treppenstufen meines Gymnasiums saß und darauf wartete, abgeholt zu werden. Der Vorteil war, dass ich dadurch unglaublich viel Zeit hatte nachzudenken.

Und zwar grübelte ich – wie viele Mädchen in der Pubertät – gern und intensiv darüber nach, was mich eigentlich besonders machte. Meine Schulnoten konnten es nicht sein, die waren unterirdisch. Mein Aussehen war in meinen Augen auch alles andere als überragend. Also fragte ich mich verzweifelt, wie ich jemals glücklich werden sollte. Ohne guten Schulabschluss und ohne Mann? Ungebildet und völlig vereinsamt? Aber was bedeutete Glück überhaupt?

Je länger ich nach der Schule auf meine Mutter wartete, desto intensiver beobachtete ich die Menschen, die an mir vorbeiströmten. Und dabei fiel mir eine Sache auf: Die meisten hasteten emotionslos wie ein Uhrwerk in ihrem Alltagsschritt an mir vorbei. Sobald aber jemand auf sie zukam und rief: »Hey, Peter, schön dich zu sehen!« – »Hallo Tina, das ist ja ein netter Zufall!« – »Ach, das gibt's ja nicht, Michael, du hier?«, wurden die Leute aus ihrer verschlossenen Welt gerissen und begannen von ganzem Herzen zu strahlen. Und in dem Moment wurde mir bewusst: Wir Menschen brauchen Kontakt mit anderen Menschen. Das ist es, was uns glücklich macht! Wir brauchen jemanden, der uns liebt, jemanden, der uns schätzt, der uns zum Lachen oder zum Weinen bringt, jemanden, der uns den Spiegel vorhält, sogar jemanden, der uns Leid zufügt. Wir brauchen intensive Gefühle, um glücklich sein zu können. Und die erfahren wir nur im Umgang mit anderen Menschen. In einer Gemeinschaft. Ha! Und wieder war da ein Stern, der in meinem Universum leuchten konnte!

Meine Theorie wurde durch ein Buch bestätigt, das mir mein Vater schenkte, als ich siebzehn war. Meine erste große Liebe war gerade in die Brüche gegangen (okay, sie hielt nur sechs Wochen, aber das war damals ein ganzes Leben für mich), und ich lag wie ein Schlosshund heulend auf meinem Bett. Mein Freund hatte mich verlassen, und ich fühlte mich wie das unattraktivste, unbedeutendste und am wenigsten geliebte Mädchen auf der ganzen Welt. »Keiner liebt mich!«, schluchzte ich voller Selbstmitleid in mein Kissen, und mein Vater versuchte, mir klarzumachen, dass ich in ein paar Jahren über die Sache lachen und mir das Ganze überhaupt nichts mehr ausmachen würde. Doch das konnte und wollte ich in diesem Moment einfach nicht glauben. Diese Liebe würde nie vergehen, sie würde mich mein ganzes Leben daran hindern, jemals wieder etwas für einen anderen Mann zu empfinden. Da überreichte mir mein Vater das Buch »Leben, lieben, lernen« von Leo Buscaglia, einem Professor, der an einer Universität in Amerika die Liebe erforschte und gern Dr. Love genannt wurde. Ich begann sofort zu lesen, und das Buch fesselte mich von der ersten Seite an.

Eine Geschichte darin hat mich damals besonders berührt und ist bis heute tief in meinem Herzen verankert. Buscaglia unterrichtete an der University of Southern California und gab seinen Studenten folgende Aufgabe: Sie sollten einmal in der Woche etwas Gutes für jemand anderen tun. Sie seien Studenten, hätten nie wieder so viel Zeit wie momentan und würden später, wenn sie erfolgreich im Business stünden, immer noch von diesem inneren Reichtum, den sie dadurch erfahren hätten, zehren. Die Studenten tauschten einen irritierten Blick und hatten keine Ahnung, wie sie das angehen sollten. In dem Moment hätte Buscaglia sie alle erwürgen können und rügte sie, dass sie ihre Augen aufmachen und sich umschauen sollten. Es gebe so viele Menschen um sie herum, die eine Umarmung oder Zuspruch brauchen könnten.

Einen Studenten, der einfach nicht wusste, wo er ansetzen sollte, hat Dr. Love daraufhin mit in ein Altersheim genommen. Er schickte den jungen Mann hinein, um die Augen nach jemandem offen zu halten, dem er etwas Gutes tun konnte, doch kurz darauf kam er wieder heraus und erklärte zufrieden, die alten Menschen seien alle in gutem Zustand und wunderbar untergebracht. Leo Buscaglia aber schickte den Studenten erneut hinein und gab ihm mit auf den Weg, endlich die Augen zu öffnen. Er deutete auf eine alte Dame, die im Nachthemd allein an einem Tisch in der Ecke saß, und bat ihn, mit ihr ein Gespräch zu beginnen. Der Student folgte der Anweisung seines Professors, und als er die Altenheimbewohnerin zögerlich ansprach, wollte diese skeptisch wissen, ob er ein Verwandter von ihr sei. Der junge Mann verneinte, und die alte Frau lachte erleichtert auf. Das war gut so, denn sie konnte ihre Familie überhaupt nicht ausstehen. Das Eis war gebrochen, und von da an ging der Student jeden Donnerstagnachmittag ins Altersheim, um Zeit mit ihr zu verbringen. Die alte Dame, die vorher ungepflegt und einsam im Nachthemd dagesessen hatte, wurde von Mal zu Mal adretter und lebenslustiger. Und nicht nur sie! Auch alle anderen machten sich nun für den legendären Thursday Afternoon zurecht. Es wurde gebadet, Frisuren wurden gesteckt, die fast vergessene Festtagskleidung wurde herausgeholt und regelrecht darauf gewartet, dass der junge Mann zu Besuch kam. Als Dr. Buscaglia einmal nachsehen wollte, wie sich sein Student im Altersheim so schlug, sah er draußen eine ganze Horde alter Leute energisch Richtung Footballfeld marschieren, um alle gemeinsam ein Footballspiel anzuschauen.

Nachdem ich diese Passage in Buscaglias Buch gelesen hatte, dachte ich: Wie schön, dass die alten Leute endlich jemanden hatten, der sich um sie kümmerte. Erst später bemerkte ich, welches Geschenk Dr. Love vor allem seinem Studenten gemacht hatte. Die Wandlung, die die Senioren vollzogen hatten, muss ihm ein unglaubliches Glücksgefühl mit auf den Weg gegeben haben. Er konnte stolz auf sich sein und dadurch innerlich wachsen. Sein Liebeskonto war bis obenhin gefüllt.

Und das macht so viel glücklicher und lässt so viel mehr Sterne leuchten als ein volles Bankkonto.

Genauso geprägt hat mich auf meiner Suche nach der Antwort darauf, was Glück eigentlich ist, ein Film, den wir früher immer zu Weihnachten anschauten: »It's a wonderful life«, auf Deutsch »Ist das Leben nicht schön?«, und wir schauten ihn jedes Jahr bei selbst gebackenen Plätzchen und Tannenduft alle gemeinsam an.

Er handelt von einem Mann, der keinen Sinn mehr in seinem Leben sieht und sich in der Weihnachtsnacht das Leben nehmen will. Da erscheint ihm ein Engel, der ihm zeigt, was aus der Welt geworden wäre, wenn er nicht gelebt hätte. Seine Frau wäre einsam, seine Kinder würden nicht existieren, seine Firma wäre nie gegründet worden, Arbeitsplätze, die für andere Menschen von großer Bedeutung sind, wären nie geschaffen worden … Danach wurde mir klar, welchen Unterschied es macht, ob jeder Einzelne von uns auf der Welt ist oder nicht. Wir alle hinterlassen etwas unglaublich Wichtiges. Und es ist verdammt noch mal unsere Aufgabe herauszufinden, welche Bestimmung wir haben. You are here for a reason. Jeder Mensch ist bewusst auf diese Erde geschickt worden, und jeder von uns hat eine große Bedeutung.

Daran habe ich mich besonders erinnert, als ich klassischen Gesang studierte und von einer Gesangskarriere träumte, wie mein Vater sie durchlaufen hatte. Ich malte mir schon aus, dass ich die nächste Maria Callas werden und auf den großen Bühnen dieser Welt stehen würde, da bekam ich eine Diagnose, die mich völlig aus der Bahn warf. Ich weiß noch wie heute, wie ich vor dem Arzt saß und er mir mit einem bedauernden Gesichtsausdruck mitteilte: »Frau Williams, Sie haben einen Tumor in der Gebärmutter.« Nach dem ersten Schock stellte sich relativ schnell heraus, dass der Tumor gutartig war, der zweite Fausthieb aber, der mein ganzes Leben verändern sollte, folgte kurz darauf: Die Hormontherapie, die zur Behandlung notwendig war, hatte zur Folge, dass ich meine professionelle Gesangsstimme verlor. Mir wurde der Boden unter den Füßen weggerissen – das, was einen großen Teil meines Glücks ausgemacht hatte, nämlich das Singen, war plötzlich weg. Notgedrungen brach ich mein Studium ab und fiel emotional in ein tiefes Loch. Ich wusste überhaupt nicht mehr, wohin mit mir, geschweige denn hatte ich eine Ahnung, wie ich mein Glück wiederfinden sollte. Bis ich mich selbst ermahnte: Judith, you are here for a reason – du bist aus einem bestimmten Grund hier. Den Grund musste ich nur noch finden! Also rappelte ich mich auf, stürzte mich wieder ins Leben und fand über Umwege schließlich den Job, der mich noch heute so erfüllt. Deshalb bleibe ich dabei: Es gibt keinen geraden Weg zum Glück. Ein Lebensweg kann Ecken, Kanten, Loops haben, das ist nicht schlimm. Genau das ist das Salz in jeder Lebenssuppe!

Be happy – aber jetzt

Gerade nach so einem Schicksalsschlag empfinde ich den Tag, an dem wir geboren werden, als das großartigste Geschenk überhaupt – das Geschenk des Lebens. Wir werden hineingeboren in eine Welt voller Magie! Die Magie der Liebe, der Freude, jedoch auch die Magie der Tränen, des Leids, der Unsicherheit. All diese Dinge sind uns mit auf den Weg gegeben worden, jetzt müssen wir nur noch etwas daraus machen: Unsere Sterne in den Himmel schießen, damit sie jeden Tag für uns leuchten können. Wenn wir leiden, dann sollten wir intensiv leiden; wenn wir lieben, dann aus vollem Herzen; wenn wir arbeiten, dann mit all unserer Leidenschaft. Denn wenn wir irgendwann am Ende unseres Lebens stehen, werden wir uns fragen: »War ich wirklich glücklich?« Und wer würde da schon gern mit »Nein« antworten?

Wir alle verbringen viel zu viel Zeit damit, Dingen hinterherzujagen, die wir vielleicht nie erreichen können. Mit fünfundzwanzig glauben wir, wenn wir drei Kilo weniger wiegen, zwei Semester früher abschließen, ein Ausbildungsjahr weiter oder mit einem Boyfriend mehr gesegnet sind, werde das Leben besser, dann seien wir glücklicher. Aber erstaunlicherweise sind wir das nicht – auch wenn wir all das geschafft haben. Mit dreißig denken wir, wenn wir den richtigen Mann gefunden, die perfekten Kinder gezeugt und das schönste Haus gebaut haben, dann könnten wir endlich aufatmen. Doch merkwürdigerweise setzt auch dann keine Entspannung ein. Dann gehen wir nämlich auf die vierzig zu und legen so richtig einen drauf: Wenn wir jetzt nicht noch mal beruflich so richtig Gas geben, dafür sorgen, dass die Kinder gut geraten und das Eheleben paradiesisch läuft, dann haben wir etwas verpasst. Wir befinden uns permanent in einem Hamsterrad und rennen und rennen. Dass wir uns alle in diesem Rad befinden und das Gras bei den Nachbarn auch nicht grüner ist, das wird uns erst viel später bewusst: Dann nämlich, wenn wir über vierzig sind und unsere drei Kilo zu viel zu lieben beginnen, weil sie unsere Fältchen aufpolstern. Einundneunzig Prozent aller Frauen sind mit sich und ihrem Körper unzufrieden. Die Dokumentation »Embrace – Du bist schön« hat darüber eindrucksvoll berichtet. Wie traurig, dass wir alle eher unsere Makel als unsere Schönheit sehen, und wie wichtig wäre es, endlich zu lernen, was Schönheit alles bedeuten kann. Meine Tante aus England zum Beispiel war für mich immer besonders schön, obwohl sie meist mit zwölf Ketten behängt war, aussah wie ein wandelnder Kleiderständer, ihr Lippenstift immer weit über die Lippen hinaus aufgetragen war und sie täglich einen ausladenden Hut trug, als wollte sie auf die Pferderennbahn nach Ascot. Sie ruhte jedoch so in sich selbst und strahlte eine solch positive Energie aus, dass sie die Menschen damit für sich einnehmen konnte. Schönheit ist ein sehr gutes Maß, um den eigenen emotionalen Zustand testen zu können. Vielleicht haben Sie das schon einmal bei sich selbst festgestellt: An Tagen, an denen es uns nicht gut geht, wir Sorgen haben, wir nicht mit uns im Reinen sind, fühlen wir uns oft viel hässlicher als an solchen, an denen alles okay ist. Ob wir uns selbst als schön empfinden, hängt ganz davon ab, ob wir zu uns selbst gefunden haben. Und daraus wiederum resultiert unser persönliches Glück. Visualize yourself and you will learn to love yourself! Visualisieren Sie ein Bild von sich, und Sie werden lernen, sich zu lieben. Wir müssen nicht perfekt sein, um glücklich zu sein – weder äußerlich noch innerlich.

Und ich muss es wissen, denn ich bin alles andere als perfekt. Ich habe jede Menge Fehler, die ich mal mehr oder weniger erfolgreich zu kaschieren versuche. So muss ich mir zum Beispiel bereits ein Leben lang anhören: »Judith, du lachst zu laut.« Oder dadurch, dass ich zweisprachig aufgewachsen bin, verwechsele ich gern mal Fremdwörter und setze sie völlig falsch ein. Kürzlich rief ich den Arzt meiner Mutter an, weil sie einen juckenden Hautausschlag hatte, und wollte, dass er eine »Autopsie« an ihr vornimmt. Der Arzt war ziemlich verwundert, schließlich erfreute sich meine Mutter bester Gesundheit. Bis mir klar wurde, dass ich eigentlich eine Biopsie meinte …

Und auch ansonsten bin ich überhaupt nicht perfekt. Ich stolpere gern mal wie der Elefant im Porzellanladen in entscheidenden Momenten meines Lebens über die Bühne, und ich kann gar nicht zählen, wie viele Reißverschlüsse mir schon an sämtlichen Abendkleidern kaputtgegangen sind. Und trotzdem kann und darf ich mich lieben. Gerade weil ich Ecken und Kanten habe, gerade weil ich nicht perfekt bin. Ich möchte nämlich, bevor die Klappe fällt, sagen können: »Ja, ich war glücklich. Mit mir und meinem Leben!«

Die Palliativpflegerin Bronnie Ware hat für ihr Buch »The top five regrets of the dying« mit Sterbenden darüber gesprochen, was sie in ihrem Leben am meisten bereuen. Fast alle haderten mit falschen Entscheidungen und Versäumnissen, fast alle trauerten um Dinge, die sie nie getan haben, obwohl sie sich immer danach sehnten. Ein Mann erzählte, dass er ein Leben lang unglaublich viel gearbeitet habe und sich immer darauf freute, irgendwann aufhören und endlich das Leben mit seiner Frau genießen zu können. Doch dazu kam es nicht mehr, sie starb genau dann, als es endlich so weit gewesen wäre. Eine Frau bedauerte, dass sie ihr Leben ganz dem tyrannischen Ehemann und den Kindern gewidmet hatte, obwohl sie sich immer danach sehnte, ein eigenständiges, selbstbestimmtes Leben zu führen. Ein anderer Sterbender bereute unendlich, dass er nie über Gefühle reden und seiner Familie somit nie sagen konnte, wie sehr er sie liebe. Bronnie Ware sagt: »Wir haben die Freiheit zu wählen«, aber genau das erfordert Kraft und Mut, und vor allem eine gehörige Portion Selbstdisziplin.

Immer wieder halte ich Vorträge über genau dieses Thema und ermutige vor allem Frauen dazu, ihren eigenen Weg zu gehen. Oft kommen danach Zuhörerinnen zu mir und sagen: »Wow, ich bin jetzt so motiviert, etwas zu verändern.« Dann freue ich mich und glaube, etwas erreicht zu haben, doch Sekunden später fragen sie mich mit einem hilflosen Blick: »Was ist denn das Erste, das ich tun sollte?« Und mir wird klar, dass sie gar nichts verstanden haben von dem, was ich ihnen sagen wollte. Dass sie überhaupt nicht wissen, wo sie ihr Glück suchen sollen. Dass sie an einem reich gefüllten Gabentisch sitzen, der Tafel des Schlaraffenlandes, die sie nicht verlassen sollten, ohne von sämtlichen süßen Früchten gekostet zu haben. Dass sie in ihrem Leben lernen und lieben sollten. Dass jeder von uns ein einzigartiges Puzzle ist, das durch viele Puzzleteile ergänzt werden muss – so lange, bis wir komplett sind. Und komplett mit uns im Reinen sind.

Dabei geht es nicht um das, was wir nach außen zeigen, sondern was wir tief in unserem Inneren haben. Viele sehen mich und denken: Diese Judith Williams, die hat doch alles, was sie will. Ja, das habe ich! Aber nicht, weil ich erfolgreich bin und gut verdiene, sondern weil ich mit mir und meinen Lieben glücklich bin. Weil ich mein Lachen gefunden habe, mein Weinen, das Auf und Ab des Lebens erfahren durfte, mich ausprobieren und weiterentwickeln konnte. Ich habe meine innere Stimme gefunden, die mich leitet, und eine Stärke, die mir Kraft gibt. Life is the choice to be happy, to be fullfilled, to love, to be loved and to be you! Man hat im Leben die Wahl, glücklich zu sein, erfüllt zu sein, zu lieben, geliebt zu werden und man selbst zu sein!

Umso schöner, wenn man dieses Glück an andere weitergeben darf. Eine Begegnung, die ich nie vergessen werde, hatte ich vor einiger Zeit im Flugzeug. Kurz vor dem Einstieg telefonierte ich frustriert mit meiner Mutter und erzählte ihr von einem Talkshowauftritt am Abend vorher, den ich als ziemlich herabwürdigend empfunden hatte. Den gesamten Abend über hatte sich der bekannte Moderator über die Welt des Teleshoppings amüsiert und mich kleingemacht, indem er immer wieder betonte, dass ich ja eigentlich eine »einfache« Verkäuferin sei. Aufgewühlt schilderte ich meiner Mutter, was ich fühlte, und fragte mich, ob Frauen, die tagein, tagaus in Parfümerien oder Modegeschäften verkauften, genauso gesehen wurden. In diesem Augenblick sprach mich ein Mann an und sagte mir, seine Frau könne kaum glauben, mich hier am Flughafen zu sehen. Ich hätte ihr vor Jahren das Leben gerettet! Weil ich meine Mutter noch am Telefon hatte, konnte ich nicht wirklich reagieren, und kurz bevor das Flugzeug zur Startbahn rollte, legte ich auf und huschte schnell auf meinen Platz. Zu spät, um das Ehepaar noch suchen zu können. Die Aussage des Mannes ließ mir keine Ruhe, und nachdem wir gelandet waren, wartete ich nach dem Ausstieg auf das Ehepaar. Ich fragte die Frau, was ihr Mann gemeint hatte, und sie erzählte mir mit Tränen in den Augen, dass sie sich vor Jahren habe umbringen wollen. Sie war damals alleinerziehende Mutter, litt unter Depressionen und glaubte, das Leben nicht mehr bewältigen zu können. Damals schaute sie meine Sendungen an, und es sei meine positive Energie gewesen, das Lebensgefühl, das ich während meiner Moderationen vermittelte, das sie dazu bewog weiterzukämpfen.

Wir hatten beide Tränen in den Augen. Einmal, weil wir beide so froh waren, dass sie ihrem Leben kein Ende gesetzt hatte und heute wieder glücklich verheiratet war. Zum anderen, weil mir bewusst wurde, dass meine Arbeit sehr wohl Sinn machte, und zwar den, den ich immer darin gesehen habe. Anderen Menschen ein gutes Gefühl zu geben! Einen Sinn, den der Moderator nicht erkannt hatte, weil er meiner Meinung nach oberflächlich und voller Vorurteile darüber hinweggefegt war. Diese Frau ist bis heute fest in meinen Gedanken, und ich bin unendlich dankbar dafür, dass sie für ihre Kinder da sein kann und in ihrem Leben wieder einen Sinn gefunden hat!

Ich wünsche mir nichts mehr, als dass alles, was ich erreicht habe, anderen Frauen als Inspiration dient. Ich möchte, dass all diese Frauen auf ihren Instinkt und damit auf ihr Herz hören. Louise Hay hat in meinem Lieblingsbuch »If life is a game, here are the rules« geschrieben: »I find, that when we really love and accept and approve ourselves exactly as we are, than everything in life works. (Ich finde, wenn wir uns wirklich genau so lieben, akzeptieren und bejahen, wie wir sind, dann funktioniert alles im Leben.) Und das wünsche ich jedem Einzelnen von Ihnen!

Das Leben besteht aus so vielen Facetten, die auf dem Weg zum Glücklichsein berücksichtigt werden müssen. Der Job, die Familie, die Jugend, das Älterwerden, Erfolg und Misserfolg, die Liebe ... Ich möchte Ihnen aus meinem Leben erzählen, damit Sie verstehen können, wie ich es geschafft habe, mein eigenes Ich zu finden und lieben zu lernen. Denn ich bin so viel mehr als die gut gelaunte Frau aus dem Fernsehen, die so wirkt, als wäre ihr immer alles einfach so zugeflogen. Die Wahrheit ist eine ganz andere: Genau wie so viele andere Frauen musste ich Mut haben, mich zu entdecken. Wie oft wollte ich mich verkriechen, weil ich mich keinen Schritt weiter getraut habe. Als Kind, weil ich Angst hatte, meinen Balletttanz nicht zu können. Als Teenager, weil ich mich nicht schön genug fand, als junge Frau, weil ich befürchtete, nie so gut singen zu können wie mein Vater, als Erwachsene, weil ich nach einer gescheiterten Beziehung plötzlich als alleinerziehende Mutter dastand und Sorge hatte, es nicht gut hinzubekommen, und im Job, als ich erkannte, dass ich mich weiterentwickeln wollte, aber Angst vor dem Schritt in die Selbstständigkeit hatte. Dont' let fear make your decision – Angst darf keine einzige unserer Entscheidungen beeinflussen. Und deshalb bin ich jeden einzelnen Schritt, der nötig war, gegangen. Und musste dabei erkennen: Wer seine Nase ins Leben hinausstreckt, muss damit rechnen, dass ihm unter Umständen ein harter Wind entgegenweht. Doch es lohnt sich, denn am Ende gewinnt man einen wirklich guten Freund dazu: sich selbst. Ganz ehrlich: Das Schlimmste wäre für mich, ein langweiliges Leben zu führen, das mich weder zum Weinen noch zum Lachen bringt. Und beides kann ich heute ziemlich gut – und ziemlich laut.

Kapitel 2

Mission Working Mom

… und wie es am Ende trotzdem funktioniert

Die Suche nach Mr. Right

Meine Kinder wurden nicht vom Storch gebracht. Auch ich musste erst den Irrungen und Wirrungen der Liebe mit viel Herzschmerz begegnen, bis ich mein privates Glück fand und meine beiden Töchter endlich in den Armen halten durfte. Die Männerwelt und ich, wir waren bis dahin ein eher schwieriges Thema, schließlich bin ich auf eine »brave« Mädchenschule gegangen, und Jungs waren viele Jahre eine unerreichbare Rarität für mich. Zudem war ich äußerst schüchtern, was sich aufs Flirten nicht gerade positiv auswirkte. Bevor ich mich traute, endlich den Mund aufzumachen, war mein Schwarm längst weitergelaufen.

Die erste Abfuhr von einem Mann bekam ich von meinem Mathe-Nachhilfelehrer, in den ich mich Hals über Kopf verliebt hatte. Statt mit ihm zu lernen, war ich ständig damit beschäftigt, ihn heimlich von der Seite zu beobachten, sodass meine Noten in Mathe nicht wirklich besser wurden und sich meine Eltern fragten, warum sie das Geld nicht gleich zum Fenster rauswarfen. Irgendwann nahm ich meinen ganzen Mut zusammen, kaufte von meinem Taschengeld eine Grußkarte, schrieb darauf: »Lieber Mathias, ich mag dich, deine Judith«, und versah meine Worte mit ganz vielen Herzchen. Aufgeregt schickte ich ihm die Karte per Post und – kein Wunder – Mathias erschien nie wieder zum Nachhilfeunterricht. Ich hatte ihn wohl ganz schön verschreckt.

Dieses Erlebnis hatte zur Folge, dass ich meinen

nächsten Schwarm im Alter von fünfzehn gar nicht erst ansprach und so tat, als würde er mich überhaupt nicht interessieren. Jürgen war ziemlich cool, weil er ein rotes Moped fuhr und damit lautstark an uns Mädels vorbeiheizte. Wenn er fragte: »Judith, willst du auch einen Kaugummi?«, antwortete ich möglichst nebenbei: »Nö, danke.« Und erkundigte er sich hoffnungsvoll: »Judith, kommst du auch mit ins Eiscafé?«, entgegnete ich bemüht gelangweilt: »Nee, keine Lust.« So dümpelten wir etliche Zeit vor uns hin, und ich begann, etwas an meiner neuen Taktik zu zweifeln. Bis meine beste Freundin die Chance in der Mehrzweckhalle von Oberemmel nutzte und meinen Herzensjungen einfach geradeheraus fragte, ob er mit mir gehen will. Er blickte mich abschätzig an und quetschte dann ein »Joah« heraus. Woraufhin ich ihn genauso kritisch musterte und ebenfalls ein »Joah« hervorpresste. Dann gingen wir fünf Schritte nach links, fünf Schritte nach rechts, und ich dachte: »Das kann es jetzt aber irgendwie nicht gewesen sein.« Innerhalb weniger Schritte hatte ich mich schon wieder entliebt. Tja, so war das damals.

Dadurch, dass ich auf dem Land aufwuchs, kannte ich viele Jungs, die handwerkliche Berufe lernten oder bereits ausübten. Da diese Art von Arbeit so anders als die meines Vaters war, fand ich sie gerade deshalb besonders interessant. Bei diesen Männern hatte alles seine Ordnung – nach hartem Schuften stand pünktlich um zwölf das Essen auf dem Tisch, und Punkt siebzehn Uhr war Feierabend. Und deshalb verliebte ich mich in einen

Zimmermann, der mir mit seiner zupackenden Art als etwas ganz Besonderes erschien. Außerdem liebte er meine verrückte Familie, stellte sie überhaupt nicht infrage, sondern nahm sie einfach so, wie sie war. Und mich dazu. Mit ihm war ich vier Jahre lang liiert, bis er unglücklicherweise auf die Walz musste und ich mich dazu entschied, ein Studium des Balletts an der Royal Academy of Music in London anzutreten. So endete meine erste große Liebe unter vielen Tränen, und jeder von uns ging seinen eigenen Weg.

In meinen Zwanzigern war ich so mit Singen beschäftigt, dass ich das Flirten völlig vergaß und keine erwähnenswerten Männer mein Leben durchkreuzten. Einer vielleicht – aber im negativen Sinn. Er entpuppte sich nämlich als regelrechter Stalker, und ich hatte große Probleme, ihn wieder loszuwerden. Innerhalb von drei Monaten habe ich ungefähr zwanzigmal mit ihm Schluss gemacht, doch da er das nicht wahrhaben wollte, stand er immer wieder ungefragt vor meiner Tür. »Hey Judith, lass mich rein. Wir zwei gehören zusammen, du hast es nur noch nicht begriffen!«. Die roten Rosen, Pralinen und Flaschen Sekt, die er mitbrachte, verstopften nach und nach meine Wohnung, und mir fehlte regelrecht die Luft zum Atmen. Irgendwann war ich so verzweifelt, dass ich zu ihm sagte: »Es tut mir leid, jetzt ist es total ungünstig. Ich muss ins Krankenhaus! Meine Mutter hat einen Gehirntumor, und ich muss ihr in den nächsten Monaten zur Seite stehen.« Überrascht blickte er mich an und machte auf der Stelle kehrt. Von da an habe ich ihn zwar niemals wiedergesehen, schäme mich aber bis heute für diese Notlüge. Meine Mutter zum Tode zu verurteilen, um einen Mann loszuwerden – zugegebenermaßen eine ziemlich fragwürdige Methode. Allerdings hat Gina Lollobrigida mal gesagt: »Es ist leichter einen Mann zu finden, als ihn wieder loszuwerden.« Und in meinem damaligen Fall hatte sie damit absolut recht!

Als ich mich von dem Typen erholt hatte, dachte ich: Das bringt ja nichts, jahrelang nach dem richtigen Mann zu suchen. Wie wäre es mit dem Datingportal, das gerade so en vogue ist? Ich war mittlerweile dreißig und immer noch eine ziemliche Niete im Flirten. Während ich beim Ausgehen nur Wasser trank und mich stundenlang auf der Tanzfläche verausgabte, verteilten meine Freundinnen reihenweise ihre Telefonnummern. Während ich Beziehungsratgeber durchforstete und mich schlaumachte, wie man am besten einen Mann kennenlernte, dateten meine Mädels schon längst. Das Dating-Portal war also mein Anker der Hoffnung. Ich meldete mich dort an und stellte fest, wie interessant es war, Männer aus der Ferne kennenzulernen. Ich studierte sie interessiert, betrachtete ihre Fotos, lernte ihre Hobbys auswendig – fand es aber irgendwie zu anstrengend, mich dann auch noch live mit ihnen zu treffen. Außerdem kam mir erneut meine Schüchternheit in die Quere, die ich bei Telefonaten oder persönlichen Treffen hätte überwinden müssen. Also war ich mir sicher: Nee, das kündigst du besser.

Tja, und dann saß ich da. Mit dreißig, ohne Mann. Und ehe ich mich's versah, hatte ich mich bei dem Dating-Portal wieder angemeldet, um mir dann einen Ruck zu geben und mit einem dieser mir noch unbekannten Männer essen zu gehen. Schon als ich zur Tür hereinkam, überkamen mich erste Zweifel. Und spätestens als mein Dating-Partner einen unglaublich einschläfernden Monolog über seinen trockenen Job hielt, wusste ich: Judith, das wird nichts! Das Problem bei einem Blind Date aber ist, dass man – wenn man nicht unhöflich sein will – einen ganzen Abend über sich ergehen lassen muss. Ein ganzes Menü muss serviert, in den Mund geschoben, gekaut und runtergeschluckt werden. Und wie sollte ich einem Mann, der am Ende darauf bestand, die Rechnung zu übernehmen, lächelnd ins Gesicht sagen, dass ich ihn eigentlich nicht ganz so prickelnd fand?

Bei meiner zweiten Dating-Portal-Anmeldung war ich klüger vorgegangen und hatte gedacht: Judith, erweitere deinen Horizont und nimm ruhig ein paar andere Länder außer Deutschland dazu, dann wird bestimmt die Auswahl größer. Ich hatte einige europäische Länder ausgewählt und deshalb wurde mir nun ein ziemlich schicker Italiener, der in Rom lebte, ans Herz gelegt. Was sollte ich schon verlieren, redete ich mir ein und buchte, ehe ich es mir anders überlegen konnte, kurzerhand Hotelzimmer und Flug. Und so reiste ich nach Bella Italia, um einen Mann zu treffen, von dem ich nur wusste, dass er auf dem Foto ziemlich feurig aussah und am Telefon sehr nett klang. Mit Herzklopfen stieg ich aus dem Flieger und nahm mir vor, diesmal ehrlicher zu sein. Wenn er mir nicht gefiel, beschloss ich, würde ich mir Rom eben allein anschauen. Doch meine Erwartungen wurden Gott sei Dank nicht enttäuscht. Ein schnieker Römer erwartete mich am Flughafen, und ich dankte dem Dating-Portal für die gute Auswahl. Wir verlebten ein paar schöne Tage und hielten danach noch eine Weile Kontakt, aber irgendwann verloren wir uns durch die Distanz aus den Augen.

Der Dritte, den ich übers Internet kennenlernte, war mit Abstand der bestaussehende Mann, den ich je gedatet habe: Tobias. Optisch war ich gleich hin und weg – doch auch der Rest musste ja irgendwie passen. Als er mir erzählte, dass seine Mutter eine Beautyfarm besitze, war ich noch mehr Feuer und Flamme. Schließlich liebte ich Kosmetik und fühlte mich mit allen Frauen verbunden, die eine ähnliche Leidenschaft teilten. Nachdem wir einige Zeit miteinander ausgegangen waren und uns intensiver kennengelernt hatten, rutschte Tobias unruhig auf seinem Stuhl hin und her und begann fürchterlich zu schwitzen. Ich dachte, der arme Mann sei krank und fragte besorgt: »Tobias, was ist denn los? Geht's dir nicht gut?« Er tupfte sich angestrengt den Schweiß von der Stirn und erklärte aufgeregt: »Nein, alles in Ordnung. Heute ist nur so ein wichtiger Tag für mich.« »Oh«, wunderte ich mich. »Warum?«. Kurz zögerte er, dann platzte es aus ihm heraus: »Weil ... Ach ..., ich würde dir gern eine Frage stellen.« Aufmunternd und ziemlich auf dem Schlauch stehend, sah ich ihn an:

»Klar, du kannst mich immer alles fragen!« Woraufhin er hastig losplapperte: »Ich wollte dich fragen, ob du … mäschihaszischiwisch.« Okay, dachte ich, mäschihaszischiwisch. Und was genau wollte er mich jetzt fragen? Ich hatte kein Wort verstanden! Schnell überlegte ich: Der Mann quälte sich dermaßen, weil er gesundheitlich angeschlagen war, der gehörte dringend ins Bett. Ich sagte also einfach irgendwas, damit es ihm besser ging und versicherte ihm strahlend: »Natürlich, überhaupt kein Problem!« Daraufhin flippte Tobias aus vor Glück, umarmte mich begeistert, küsste mich und legte einen Freudentanz hin. Und ich dachte: Oh, so wie der sich freut, hat er dich gerade entweder gefragt, ob du seinen Wohnungsschlüssel haben oder ob du ihn heiraten willst. Kaum zu Ende gedacht, hörte ich ihn schon sagen: »Ich habe noch ein kleines Geschenk für dich.« Und schon hatte er eine kleine Schachtel aus der Tasche gezogen und sie mir überreicht. Die Schachtel war eindeutig zu klein für einen Wohnungsschlüssel, schoss es mir etwas überfordert durch den Kopf. Ich öffnete sie, und zum Vorschein kam ein wunderschöner Diamantring. Eilig horchte ich in mich hinein und fragte mich: Willst du jetzt die Spielverderberin sein und ihm sagen, dass du ihn falsch verstanden hast, dann steck den Ring zurück in die Box. Wenn du hingegen denkst, dass du verliebt bist, es zwar noch etwas früh für eine Verlobung ist, du aber glaubst, dass mehr aus euch werden könnte, dann steck dir den Ring an den Finger. Und weil ich gedanklich noch schnell hinzufügte, dass ich ja auch noch eine ganze Weile verlobt sein könnte, um herauszufinden, ob es wirklich richtig passte, schob ich mir schließlich den Ring an den Finger. Und verspürte irgendwie ein wenig Stolz: Wow, ich war tatsächlich verlobt! Tobias' Schweißperlen waren glücklicherweise verdunstet, und wir stießen erst einmal auf die überraschenden Neuigkeiten an.

Unsere Verlobungsreise führte uns in den Skiurlaub. Tobias konnte nicht Skifahren, ich nur ein wenig. Nachdem wir den Skilehrern gezeigt hatten, was wir (nicht) konnten, wurden wir Gruppen zugeordnet. Und weil ich mich auf den Brettern doch ganz gut anstellte, durfte ich nach kürzester Zeit zwei Gruppen überspringen, während Tobias noch in der Anfängergruppe im Pflug festhing. Ziemlich schlecht für das Ego eines Mannes – mein Verlobter schien das jedenfalls nicht ganz so gut zu verkraften. Bei jeder Begegnung meinte ich zu spüren, dass er sich selbst dafür hasste, mit den Anfängern über den Hang rutschen zu müssen, während ich inzwischen eifrig die Berge runterdüste. Erste Zweifel machten sich in mir breit, ob ich mein Leben mit einem Mann teilen wollte, der mir, meinem Gefühl nach, nicht gönnte, kleine Erfolge zu erleben. Das Ganze wurde gekrönt, als er mir beim Abendessen eine Excel-Liste vorlegte, in die er unsere Ausgaben eingetragen hatte. Fassungslos fragte ich ihn: »Was um Himmels willen trägst du denn da ein? Unsere Apfelschorle auf der Hütte, die wir uns geteilt haben?« Dann bekam ich einen Heulkrampf und erkannte, dass es mit uns beiden niemals funktionieren konnte. Denn eins wusste ich schon damals: Ein Mann, der seine Frau ausbremst, sie sich nicht entfalten lässt und das Leben nicht genießen kann, ist der falsche Mann. An seiner Seite würde man nie wachsen und blühen können.

Wie immer, wenn ich in meinem Leben verzweifelt war, rief ich meine Eltern an und heulte wie ein Schlosshund: »Papaaaa, das ist nicht der richtige Mann für mich, er hat eine Excel-Liste wegen einer Apfelschorle angelegt.« Und Dad sagte zu mir: »O Darling, kannst du ihm nicht sagen, dass er seine Excel-Liste wieder wegpacken soll?« »Nein«, weinte ich ihm vor, »er liebt Excel-Listen so wie ich das Lachen.« In dem Moment kam eine Gruppe Skischüler an mir vorbeigefahren, und alle starrten mich an. Aber das war jetzt auch schon egal.

Nachdem ich in unserem Hotelzimmer noch schwer an der Excel-Datei zu knabbern hatte und mich fragte, ob der »Mann meines künftigen Lebens« jede Ausgabe für mich und später für die Kinder in solchen Dateien auflisten würde, beschloss ich, seinen Humor ein wenig auf die Probe zu stellen. Wir hatten den 1. April, und ich liebte es seit jeher, Freunde und Familie an diesem Tag zu veräppeln. Also dachte ich mir eine kleine Geschichte aus, wohlwissend, wie pflichtbewusst mein künftiger Verlobter bei offiziellen Anlässen reagierte: »Schatz, eben hat die Rezeption angerufen, dass in der Lobby ein ehemaliger Studienkollege von dir wartet. Er würde dich gern unten treffen, um was mit dir zu besprechen!« Seine Verwunderung war ihm sichtlich anzusehen: »Um diese Zeit? Wer soll das denn sein? Und was will der von mir?« Dann schaute er an sich herab, stellte entsetzt fest, dass er noch im Pyjama war und stürzte ins Bad. »Ich muss mich schnell duschen und anziehen, habe ich denn überhaupt eine Krawatte dabei?« Ich blickte ihm, über meinen Aprilscherz kichernd, nach und war erstaunt, wie schnell Tobias geschniegelt und gestriegelt in Anzug und Krawatte vor mir stand.

Als er die Zimmertür aufriss und hektisch zum Fahrstuhl stürzte, prustete ich los und rief laut: »April, April!« Fassungslos blickte er mich an: »Wie bitte? Was hast du gesagt?« Und ich erklärte ihm lachend, dass heute der 1. April und er mir voll auf den Leim gegangen sei. Anstatt sich mit mir zusammen vor Lachen zu kugeln, bekam ich lediglich ein grummelndes »So ein Blödsinn« zu hören, und der Tag war für ihn gelaufen. Kein Lachen, kein gemeinsames Frühstück, Ende der Fahnenstange und somit für mich Ende der Zeit mit Tobias. Humor ist bekanntlich, wenn man trotzdem lacht, und ein Mann muss bei mir definitiv viel Humor haben ... Noch am selben Tag habe ich Tobias den Diamantring zurückgeben und meine zufällig entstandene Verlobung war dahin!

Die Oktopus-Theorie

Meine nächste Beziehung war insofern wunderbar, als sie mir meine großartige erstgeborene Tochter Sophia beschert hat. Auch wenn Sophias leiblicher Vater und ich noch vor der Geburt erkannten, dass wir als Paar keine

Chance hatten, hat unsere Begegnung etwas Einzigartiges hervorgebracht. Niemand bereitet einen darauf vor, wie es ist, Mutter zu sein. Die theoretischen Kurse können nicht annähernd vermitteln, was man empfindet, wenn man ein Baby auf die Welt gebracht hat. Jede Schwangere sollte ein Baby-Tamagotchi bekommen und lernen dürfen, was es heißt, ein Neugeborenes zu haben.

In dem Moment, in dem einem das eigene Kind in die Arme gelegt wird, erlebt man einen Zauber, der nie vergeht. Er liegt darin, dass der Fokus von einem selbst weg und auf eine andere Person übergeht. Und gleichzeitig wird das eigene Leben so auf den Kopf gestellt, dass sich alles zu drehen beginnt. Eigentlich müsste sich jede Frau während der Schwangerschaft in einen Oktopus mit acht Armen verwandeln, um allen bevorstehenden Aufgaben gerecht zu werden. Eine Mutter entwickelt übermenschliche Kräfte, sie wird zu einer Art Superwoman – allseits bereit und einsetzbar, um ihr Kind zu schützen und zu versorgen. Vielleicht nicht ganz so adrett wie Superman, ich jedenfalls bin in den ersten Monaten tagelang mit Babykotze auf der Schulter herumgelaufen, ohne es zu bemerken. Wenn ich endlich mal zum Duschen kam, habe ich Sophia mit ins Badezimmer genommen und ihr unter der Dusche etwas vorgesungen. Aus meiner Prada-Tasche wurde eine prall gefüllte Wickeltasche voller Schnuller, Milchpulver, Spielsachen und Windeln. Irgendwie habe ich das nie abgestellt, denn noch heute könnte eine sechsköpfige Familie mit meinem Tascheninhalt überleben.

Bei meinen Freunden ist es längst ein Running Gag zu sagen: »Kommt, wir räumen Judiths Handtasche aus, mal sehen, welche Leichen sie darin versteckt hat.«

Wenn ich nach Sophias Geburt aus dem Haus wollte, fiel mir auf: »Mist, das geht ja gar nicht so einfach. Du hast ja jetzt ein Baby, das auch noch mit muss.« Also habe ich sie in den Kinderwagen gelegt und bin mit ihr losmarschiert. Um kurz darauf festzustellen, dass sie hinten am Hals grün ist und ich sofort in leichte Panik verfallen bin. Eine seltene Kinderkrankheit? Eine Gefahr für meine Kleine? Nein, nur der Spinat, der von ihr ausgeschieden wurde und sich über den Rücken bis nach oben ausgebreitet hatte. Und spätestens, als ich dann mein Kind unter dem Waschbecken eines Einkaufszentrum-WCs gesäubert habe, wurde mir klar, dass in Zukunft noch mindestens vier weitere Strampler in meine Tasche wandern müssen, um solche Spinatmissgeschicke zu verhindern. Diesmal musste meine blickdichte Strumpfhose herhalten, um meine nackte, weinende Tochter damit einzuwickeln. Eins habe ich durch Sophias Ankunft also gelernt: Man muss Mrs. Allzeitbereit sein, man muss Kontrolle abgeben und ist gezwungen, bedingungslos zu lieben.

Nachdem ich mich auf meine Tochter eingestellt und sich das Leben mit ihr eingespielt hatte, dachte ich mir: Et kütt, wie et kütt. Entweder der richtige Mann kommt irgendwann oder eben nicht. Erzwingen kannst du gar nichts. Und trotzdem sehnte ich mich nach einem Mann, für den ich etwas ganz Besonderes sein würde. Jemand, der mich verstand, der mein verrücktes Leben gut fand und mich nicht verändern wollte. Und natürlich jemand, der die schönen Dinge des Lebens nicht in Excel-Listen festhielt. Auf einem Geburtstag von Promifriseur Udo Walz war es dann so weit – ich lernte Alexander kennen. Von Anfang an merkte ich, dass er der Richtige sein musste, denn er liebte mich einfach so, wie ich war. Meinen Gesang, meine Crazyness, meine ungewöhnliche Familie und meine Tochter Sophia. Das Tollste aber war und ist, dass auch er gerne singt, tanzt und noch mehr redet als ich. Und das will was heißen! Als unsere Tochter Angelina zur Welt kam, war unser Glück perfekt. Und meine Tasche wurde noch voller, um die Utensilien gleich zweier Babys zu transportieren.

Schon immer hatte ich gearbeitet und mein eigenes Geld als Moderatorin im Verkaufsfernsehen verdient, doch während sich meine Familie vergrößerte, entwickelte ich mich parallel dazu auch beruflich weiter. Ich gründete ein eigenes Unternehmen und versuchte, es national und international aufzubauen. Gleichzeitig bemühte ich mich, meiner Familie gerecht zu werden und Job wie Familie unter einen Hut zu bringen. Das ging natürlich nur mit einem wunderbaren Ehemann, der mir, wann immer es ging, neben seinem eigenen Job den Rücken freihielt. Und trotzdem war und bin ich eine arbeitende Mutter, eine Working Mom, – und das ist sicherlich die größte Herausforderung meines Lebens.

Kinder, Karriere, Kummer

»Working Mom« ist ein Begriff, den wir alle kennen. Aber haben Sie schon mal von einem »Working Dad« gehört? Ich nicht! Was wohl daran liegt, dass in unserer Gesellschaft berufstätige Mütter immer noch als weitaus ungewöhnlicher angesehen werden als arbeitende Väter. Oh, schau mal, da! Eine arbeitende Mutter! Dem Klang der Stimme nach zu urteilen, oft gleichzusetzen mit: Oh, schau mal, da! Was für eine Rabenmutter! Nach wie vor erwische ich mich dabei, dass ich kurz zusammenzucke und mich schlecht fühle. Wenn auch viel seltener als früher.

Geben Sie mal bei Google »Berufstätige Mutter« ein, dann erscheinen automatisch die häufigsten beiden Suchworte zu diesem Thema, die lauten: »Berufstätige Mutter Stress« und »Berufstätige Mutter schlechtes Gewissen«. Es gibt den Verband berufstätiger Mütter, unzählige Ratgeber zum Thema »Kind und Karriere«, und das Internet überschlägt sich beinahe in dieser Hinsicht: »Vorsicht, Dauerstress macht krank!«, »Berufstätig als Mutter: Tipps von einem Familiencoach«, »Mütter als Kollegen? Mehr Fluch als Segen!« Wenn man als Mutter darüber nachdenkt, in den Job zurückzukehren, und das liest, ist es ja kein Wunder, dass man Schnappatmung bekommt. Eine Besteigung des Kilimandscharo scheint offensichtlich leichter zu sein, als Job und Kind unter einen Hut zu bekommen. Und auch Risiken und Nebenwirkungen sind wesentlich geringer. Vielleicht sollte man sich bereits vor dem Entschluss, eine Working Mom zu werden, einen Familientherapeuten, einen Coach und einen Trauma-Experten zulegen.

So ungefähr fühlte ich mich jedenfalls, als ich anfangs versuchte, meine erstgeborene Tochter und meine Arbeit unter einen Hut zu bringen. Ich erinnere mich noch genau, wie ich sie, vier Wochen alt, zu einer Gesellschafterversammlung mitnahm, weil ich sie in dem Alter nicht in die Hände irgendeiner Babysitterin geben wollte. Die Männer haben mich angeschaut, als hätte ich nicht alle Tassen im Schrank, und fragten sich wahrscheinlich: Was will die denn mit dem Kind hier? Ich versicherte hastig, dass sie ganz leise sein und keinen Mucks von sich geben werde, dann schickte ich ein Stoßgebet gen Himmel, dass meine Worte erhört würden. Ich hatte Glück – meine Tochter verschlief selig die gesamte Sitzung! Was ich gemacht hätte, wenn sie Hunger gehabt, geschrien oder gespuckt hätte? Keine Ahnung!

Eines meiner prägendsten Erlebnisse im Kindergarten war der Moment, als ich meine Kleine zum ersten Mal dort abgeben musste. Alle anderen Mütter hatten Zeit, noch ein wenig zu bleiben. Zu schauen, ob sich ihr Kind auch wohlfühlt, ob es die erste Trennung des Lebens gut verkraftet. Ich aber konnte meiner Tochter nur einen Kuss geben, sie noch einmal fest drücken, um dann zur Arbeit zu eilen. Die vorwurfsvollen Blicke, die ich in meinem Rücken spürte, werde ich nie vergessen.

Meine seltene Anwesenheit im Kindergarten hatte relativ schnell zur Folge, dass ich bei den Müttern nicht dazugehörte. Wenn ich meine Tochter liebevoll verabschiedet hatte und in meinem Business-Outfit davonhuschte, standen die anderen Frauen lachend und tratschend zusammen und würdigten mich keines Blickes. Plötzlich kam ich mir selbst vor wie im Kindergarten. Wie ein kleines Mädchen, das den Wunsch hat, dazugehören. Zu den normalen Müttern, zu denen, die es so machten, wie es über Jahrhunderte gemacht wurde. Und deshalb stellte ich mich zu ihnen und versuchte, irgendwie in ihren Smalltalk über Kinder einzusteigen. »Also die Lara-Marie war gestern den ganzen Tag ohne Windel. Und kaum waren wir beim Kinderturnen, ist es passiert.« – »Da klappt es beim Maximilian schon viel besser. Neulich war er eine ganze Nacht ohne Windel.« Ich nutzte die kleine Lücke, um meine Erfahrungen einzubringen: »Ich wollte Sophia noch ein bisschen Zeit …« Doch ehe ich meinen Satz beenden konnte, waren die Mütter bereits schnatternd beim nächsten Thema: dem Nachmittagsfreizeitprogramm ihrer Kinder. »Der Dienstag ist wirklich voll. Lara-Marie hat erst Flöte, dann Turnen und später noch Logopädie.« – »Maximilian hat seit letzter Woche privaten Englischunterricht. Eine schöne Abwechslung zu seinem Schwimmkurs, der musikalischen Früherziehung und dem Kinder-Judo.« Ich schluckte meine Anmerkung, dass Sophia auf einem Reiterhof einmal in der Woche auf dem Rücken eines alten, dicken Ponys sitzt und im Kreis geführt wird, lieber herunter. Und es hätte mich nicht gewundert, wenn zu den Aufzählungen der anderen Mütter noch Seiltanz,

Chinesisch und Mandoline hinzugekommen wären. Ja, und da war es wieder, das Gefühl, eine Rabenmutter zu sein – die, während alle Mütter dieser Welt ihren Kindern ein buntes Potpourri an Nachmittagsbeschäftigungen boten, arbeiten musste.

Als eine der Mütter stolz in die Runde sagte, ihr Mann habe ihr ein so tolles Kompliment gemacht – er bewundere es, dass sie den heiligen Akt des Windelwechselns niemand anderem überlasse –, in diesem Moment flüchtete ich überstürzt in mein Auto und fing dort an zu heulen. Vor Verzweifelung, weil ich nicht jede Windel meiner wunderbaren Tochter selbst gewechselt hatte. Heute kann ich darüber lachen, damals war es das Tüpfelchen auf dem i, das meine Schuldgefühle explodieren ließ. Wenn ich meine Tochter angesehen hätte, wäre mir klar geworden, dass sie genauso glücklich war wie alle anderen Kinder auch. Aber damals war es zu früh, dazu brauchte ich noch einige Zeit.

Erst einmal wollte ich allen beweisen, dass ich eine genauso gute Mutter war wie diejenigen, die nicht arbeiteten. Als mir meine Tochter erzählte, dass es regelmäßig ein Buffet im Kindergarten gab, das die Mütter bestücken sollen, war ich Feuer und Flamme. Natürlich würde ich meiner Tochter wunderbare Leckereien zubereiten und ihr so das Gefühl geben, genauso eine Mama zu haben wie alle anderen. Ich wollte einen Kuchen backen, den sie stolz beisteuern konnte. »Sophia«, versprach ich, »ich backe dir den tollsten und leckersten Kuchen der Welt.« Doch ausgerechnet an dem Tag, an dem ich hätte backen sollen, kam mir ein Termin, der bis spät in die Nacht dauerte, dazwischen.

Also stürzte ich am nächsten Morgen in die Bäckerei und kaufte hektisch einen Käsekuchen, um mein – in meinen Augen – mütterliches Versagen zu vertuschen. Erst war ich erleichtert, aber beim Anblick des erstandenen Objekts hatte ich ziemlich schnell das Gefühl, dass es viel zu perfekt aussah. Jeder würde sofort merken, dass der Kuchen gekauft war! Ich meinte schon die abwertenden Blicke der anderen Mütter zu sehen und ihre selbstherrlichen Worte zu hören: »Unglaublich, dass der Tag nur vierundzwanzig Stunden hat, die gingen ja allein für die Vorbereitungs- und Backzeit drauf.« Verzweifelt versuchte ich, diesen makellosen Kuchen selbst gebacken und damit weniger perfekt aussehen zu lassen. Hektisch bestäubte ich ihn mit Puderzucker, löste am Rand vorsichtig kleine Brösel ab, schob ihn auf die Platte meines Kuchentransportbehälters und gab ihn erleichtert meiner Tochter mit. Als sie nachmittags nach Hause kam und ich sie lächelnd fragte, ob der Kuchen gut angekommen sei, sagte sie: »Er ist übrig geblieben, die Kindergärtnerinnen stellen ihn für morgen weg.« Meine Tochter bemühte sich, es sich nicht anmerken zu lassen, dass ihr der unbeliebte Kuchen etwas ausmachte, doch ich wusste, dass es so war. Und wieder einmal spürte ich einen Stich im Herzen, und Schuldgefühle, keine gute Mutter zu sein, übermannten mich. Also nahm ich mir ganz fest vor, mich beim nächsten Mal ins Zeug zu legen und auf jeden Fall etwas Selbstgemachtes zum Buffet beizusteuern. Was ich dabei nicht bedacht hatte, war die Perfektion der anderen Mütter und meine eigenen, genetisch vererbten Hausfrauenqualitäten. Dazu muss ich kurz in die Vergangenheit schweifen. Zu meiner Mutter, denn die spielte und spielt, wie bei allen Töchtern, eine große Rolle in meinem Leben.

Im Nachhinein betrachtet war sie ein Opfer ihrer Generation. Einer Zeit, in der die drei K »Kinder, Küche, Kirche« von großer Bedeutung waren. Bei meiner Mutter hingegen herrschten viel eher zwei C vor: Sie war nämlich clever und chaotisch. Sie hatte angefangen zu studieren, zur damaligen Zeit noch etwas Besonderes, brach das Studium allerdings ab, um meinen Vater, einen leidenschaftlichen Opernsänger, zu heiraten. Während andere Ehefrauen Pril-Blumen auf die Küchenfliesen klebten und Styroporkugeln mit Strohblumen verzierten, sehnte sie sich eigentlich nach einer beruflichen Herausforderung. Doch damals beugte man sich dem Druck der Gesellschaft und verzichtete für die Familie oftmals auf die eigenen Bedürfnisse.

Weil meine Mutter aber mit dem Herzen Professorin und nicht Hausfrau war, scheiterte sie kläglich an den häuslichen Herausforderungen. Sie kaufte Nahrungsmittel in Mengen ein, als wollte sie uns durch zwei Hungersnöte bringen, stopfte sie jedoch so in die Vorratskammer, dass einem alles entgegenkam. Noch heute finde ich in ihrem Küchenregal öfters Nudeln von anno dazumal, sie hat es einfach nicht mit der Ordnung. Wenn sie links aufräumt, veranstaltet sie dabei rechts so ein Chaos, dass sie irgendwann seufzend aufgibt.

Wenn ich mittags aus der Schule kam, war oft kein Mittagessen gekocht. Was nicht an mangelnder Liebe, sondern an mangelndem Können lag. Da ich die älteste von uns drei Schwestern war, fühlte ich mich fortan verantwortlich für unseren Haushalt. Ich spürte schnell, dass auch mir das Talent zur perfekten Hausfrau fehlte, versuchte aber, mir das nötige Können mit viel Disziplin anzueignen. Ein chinesisches Sprichwort sagt: Die Tochter einer guten Mutter wird die Mutter einer guten Tochter. Ich hoffe und denke, dass das bei mir, meiner Mutter und meinen Töchtern zutrifft. Zugleich fürchte ich, dass es ein Sprichwort geben könnte, das lautet: Die Tochter einer guten Hausfrau wird die Mutter einer guten Hausfrau. Und andersherum. Denn so sehr ich mich in meinem Leben bemüht habe, ich hätte immer lieber Tango getanzt, als mein Gewürzregal aufzuräumen.

So verstehen Sie vielleicht, dass ich für das nächste Kindergartenbuffet zwar etwas Gesundes zubereitete, das aber nicht besonders beeindruckend aussah. Ganz im Gegensatz zu den anderen Köstlichkeiten, die mitgebracht wurden und akkurat aufgereiht auf dem Buffettisch thronten. Denn sie schmeckten nicht nur, sondern sahen auch so aus. Die Mütter der Kindergartenkinder hatten ganz offensichtlich ihre Bastelleidenschaften während des Zubereitens von eigentlich einfachen Speisen ausgelebt. Da wurden aus profanen Gemüsesticks handgeschnitzte Karottenspieße mit Gurkenaugen und

Radieschenfüßen, aus einfachen Törtchen wurden meisterhaft dekorierte Kunstwerke und aus simplen, gekochten Eiern und halbierten Tomaten kleine Fliegenpilze. Meine Schüssel mit den hastig zusammengeschnittenen Tomatenstücken und den eilig auseinandergezupften Mozarellafetzen blieb unangetastet in der Ecke stehen, während sich alle Kinder begeistert auf die Attraktionen stürzten. Beim nächsten Buffet gab ich mir wesentlich mehr Mühe, doch mein Essen kam nicht annähernd an all die anderen Vorzeigedelikatessen heran. Gerade als ich mich wieder einmal mit Schuldgefühlen davonschleichen wollte, rannte mir meine Tochter hinterher und strahlte: »Mama, heute sieht es schon viel besser aus.«

Ich beugte mich gerührt zu ihr herunter und wollte ihr auf meine Art erklären, dass ich alles für sie gäbe, was ich könne, selbst wenn es manchmal vielleicht aussehe, als wäre es weniger als das, was andere Mütter gäben. Ich lächelte sie an und sagte: »Weißt du, mein Schatz, ein Hase kann nicht fliegen. Wenn du von ihm verlangst zu fliegen, dann steigt er auf einen Baum, springt herunter und bricht sich die Beine. Ich kann vielleicht nicht so schöne Sachen fürs Buffet zaubern, und ich kann auch manchmal nicht so viel Zeit mit dir verbringen, wie ich es gern würde. Aber trotzdem habe ich dich genauso lieb wie alle anderen Mütter ihre Kinder.« Meine Tochter schlang ihre kleinen warmen Arme um mich und strahlte mich an. »Das weiß ich doch«, sagte sie und sprang gut gelaunt davon.

Das war der Moment, in dem mir bewusst wurde, dass wir Frauen nicht so hart mit uns selbst sein dürfen.

Dass es vollkommen egal ist, ob der Rhabarberkuchen eine wohlgeformte Baiserhaube hat, ob wir genauso viel Zeit mit unseren Kindern verbringen wie andere oder ob unser Nachwuchs immer und permanent die maximale Aufmerksamkeit bekommt. Das, was zählt, ist einzig und allein die innere, seelische Verbindung zu unserem Kind. Und dass wir uns in den Momenten, die wir miteinander haben, die Zeit nehmen, die wir brauchen. Wann immer ich kann, sitze ich abends am Bett meiner Töchter und lasse sie von ihrem Tag erzählen. Die Zeit, die ich für sie habe, nutze ich wesentlich intensiver, als wäre ich von morgens bis abends um sie herum. Denn eine gute Mutter ist nicht die, die dreihundertfünfundsechzig Tage im Jahr nonstop Zeit mit ihren Kindern verbringt. Eine gute Mutter ist vielmehr diejenige, die es schafft, aus ihren Kleinen glückliche Menschen zu machen.

Besser als gedacht

Alles, was ich meinen Kindern vorpredige, ist nur halb so gut, wie das, was ich ihnen vorlebe. Eine Working Mom hat beispielsweise meist nicht die Zeit, eine überbesorgte Mutter zu sein. Die Kinder von arbeitenden Müttern werden in meinen Augen daher oftmals mit weniger Ängsten großgezogen. Als eine meiner Töchter ihren ersten Kindergartenausflug hatte und für ein paar Tage auf einen Bauernhof fahren sollte, bläute meine Mutter mir vorher ein, sie bei der Verabschiedung nicht die eigene Sorge und Traurigkeit spüren zu lassen. Als bei meiner Kleinen beim Abschied die Tränen kullerten, gab ich mich betont fröhlich und positiv. Wir verabschiedeten uns liebevoll, sie stieg in den Bus, ich winkte noch einmal kurz und ging dann relativ schnell davon. Als ich mich noch einmal umdrehte, quatschte sie bereits gut gelaunt mit ihrer Sitznachbarin. Viele andere Kinder, deren Mütter sich weinend verabschiedeten und immer wieder betonten, sie müssten kein Heimweh haben und sie würden das schon überstehen, klebten bei der Abfahrt des Busses verzweifelt an der Scheibe und weinten bitterlich. Die Ängste der Mütter wurden auf deren Kinder projiziert. Für mich immer wieder ein Moment, an den ich mich erinnere, wenn ich selbst mal wieder zur Überfürsorglichkeit neige. Ein jüdisches Sprichwort sagt: Eine Mutter erreicht mehr als hundert Lehrer. Allein mit dem, was eine Mutter ihrem Kind vorlebt, kann sie es zu dem machen, was es später wird. Und ich hoffe sehr, dass ich für unsere Mädchen eine gute Lehrerin bin.

Und auch mit den anderen Müttern habe ich mich mittlerweile gut arrangiert, habe meinen Frieden mit ihnen und mit mir selbst geschlossen. Wir alle versuchen unser Bestes zu geben, denn wir alle sehnen uns nach Anerkennung. Im Job, im Privatleben, als Mutter. Jede hat ihre Schwächen und ihre Stärken. Und deshalb empfinde ich keinen Neid auf das, was andere Frauen haben und woran es mir vielleicht mangelt, sondern bewundere ihre Gaben. Wenn Frauen sich gegenseitig

Anerkennung schenken, hat das etwas von Schwesternschaft – für mich ein sehr liebenswerter Gedanke.

Das, was andere können und erreicht haben, sehe ich als Vorbild und Motivator. Dadurch bremse ich mich nicht – denn das Gefühl, nicht gut genug zu sein, bremst erheblich –, sondern ich bleibe in Bewegung. Das Leben ist für mich sinnbildlich wie ein rauschender Fluss, den wir nicht anhalten können. Vielmehr sollten wir unsere eigene Taktart finden, in der wir in unserem Fluss schwimmen und uns seinen Begebenheiten anpassen.

Der steinige Weg, den ich am Anfang meiner Working-Mom-Zeit gehen musste, war mit Sicherheit sehr wichtig für mich. Erst durch die innere Zerrissenheit, die ich permanent spürte, kam ich irgendwann bei mir selbst und bei unseren Töchtern an. Ich habe mittlerweile eine ganz klare Vorstellung davon, warum manche Lebensphasen so schwer und kompliziert sind. Ich stelle mir vor, wie wir vor unserer Geburt mit den dreißig wichtigsten Menschen zusammensitzen, die später eine bedeutende Rolle für uns auf der Erde spielen sollen. Wir werden gefragt, was wir in unserem irdischen Leben lernen wollen, und der eine entscheidet sich vielleicht dafür, mutiger werden zu wollen, die andere sehnt sich danach, endlich Selbstliebe zu lernen. Woraufhin sich jeder der Menschen um uns herum bereit erklärt, eine Rolle zu übernehmen, die uns fordert. Und unser größter Feind übernimmt die wichtigste Funktion, denn nur durch ihn werden wir das lernen, was wir lernen wollen. Er hilft uns am besten, vorwärtszukommen, er pusht uns mehr als all diejenigen, die immer lieb zu uns sind.

Seitdem bin ich meinen Feinden – also gefühlt allen perfekten Radieschen-Fuß-Bastlerinnen – sehr dankbar. Mit diesem Gedanken habe ich gelernt, Frieden mit gewissen Dingen und Situationen zu schließen. Charly Chaplin schrieb zu seinem siebzigsten Geburtstag folgende Worte, die mich sehr bewegen, weil sie so wahr sind: »Als ich mich selbst zu lieben begann, habe ich verstanden, dass ich immer und bei jeder Gelegenheit zur richtigen Zeit am richtigen Ort bin und dass alles, was geschieht, richtig ist – von da an konnte ich ruhig sein. Heute weiß ich: Das nennt man Selbstbewusstsein. Als ich mich selbst zu lieben begann, konnte ich erkennen, dass emotionaler Schmerz und Leid nur Warnungen für mich sind, gegen meine Wahrheit zu leben. Heute weiß ich: Das nennt man authentisch sein.«

Ich lasse mich also in meinem Fluss nach meinem eigenen Rhythmus treiben, schaue nach links und nach rechts, um andere Frauen und Mütter als Motivatoren zu nutzen und mir dann hin und wieder Hürden aufzuerlegen, die ich überwinden will. Dabei versuche ich, meine Ziele nicht zu hoch zu stecken, denn unerreichbare Ziele zermürben auf Dauer. Ein Ziel für mich wird wohl immer bleiben, einmal im Leben eine Supermom zu sein. Und wenn es auch nur für fünf Minuten ist. Ab und zu springe ich und versuche, dieses Ziel zu erreichen. Und dann lande ich gnadenlos hart auf meinem Hintern.

So zum Beispiel vor einiger Zeit, als eine sehr intensive Arbeitsphase hinter mir lag und ich mich eindeutig zu wenig meinen Kindern gewidmet hatte. Meine Töchter haben mir das sogar vorgeworfen, was mir durch Mark und Bein ging. O Gott, Judith, dachte ich mir, du musst dringend etwas tun, um deinen Mädels zu zeigen, wie wichtig sie dir sind. Da kam die große Aufführung des Schulchors meiner Töchter gerade richtig. Super, das war meine Chance, und ich meldete mich voller Begeisterung bei der Chorleiterin, um ihr anzubieten, den Kindern Make-up und Haare für dieses Event zu machen. Die Lehrerin war entzückt, und meine Mädchen waren überglücklich. Ihre Mama würde an die Schule kommen und einen wichtigen Beitrag zu einem gelungenen Chorauftritt beisteuern! Schakalaka!

Ich fühlte mich wie Mary Poppins, als ich stolzen Schrittes mit einem prall gefüllten Kosmetikköfferchen über den Hof schritt und die Kinder mich mit großen, aufgeregten Augen erwarteten. Lächelnd ließ ich meinen Koffer aufschnappen und gab den Blick frei auf meine perfekte Ausstattung, die aussah, als würde ich nicht Kinder, sondern Sylvie Meis höchstpersönlich schminken: Haarspray für feines und für glänzendes Haar, Kämme und Bürsten in verschiedenen Varianten, Haarnetze, Haarspangen, Lipgloss mit Erdbeer-, Pfirsich- und Kirschgeschmack, Rosenöl für den richtigen Glow … Die Mädchen setzten sich sprachlos in eine Reihe, und ich verkündete euphorisch: »I'm the beautyfication Mom!« Dann machte ich mich routiniert und zugleich leidenschaftlich an die Arbeit.

Die Kämme und Bürsten flogen nur so durch die Haare, und ich kreierte hinreißende Flechtfrisuren. Danach wirbelte ich mit den Kosmetikpinseln durch die zauberhaften kleinen Gesichter und schminkte die fünfundzwanzig Mädchen engelsgleich. Dabei übertraf ich mich selbst, indem ich Witze und Geschichten erzählte, die alle zum Lachen brachten. Als ich zu meinen Töchtern hinüberblickte, sah ich den Stolz in ihren Augen. Und ich sage innerlich zu mir selbst: Ja, ich habe es geschafft! Einmal im Leben bin ich Supermom!

Als die Aufführung begann, huschte ich als Letzte durch die Reihen auf meinen Platz und konnte es dabei nicht lassen, den anderen Müttern zuzuraunen: »Sorry, ich bin zu spät, weil ich den Mädchen die Frisuren gemacht habe. Und das Make-up. Fünfundzwanzig Kinder, puh, das hat seine Zeit gedauert.« Ich setzte mich und hörte, wie die anderen Mütter anerkennend tuschelten und bewundernd zu mir herüberblickten. Und wieder dachte ich: So fühlt es sich also an, Supermom zu sein. Mit Glückstränen in den Augen verfolgte ich den Chorauftritt der Schülerinnen und fühlte mich so gut wie lange nicht. Was für ein wunderbarer Tag.

Die Hürde war genommen, aber ich konnte es einfach nicht lassen und wollte mir das Hindernis noch höher hängen. Nicht bloß einen Abend Supermom sein, nein, ich wollte es unbedingt länger bleiben. Deshalb stellte ich mir den Wecker für den nächsten Morgen noch früher als sonst und bereitete meinen Töchtern liebevoll frische Pfannkuchen zu. Ich küsste und drückte meine beiden Mädchen, dann eilte ich zur Arbeit.

Während eines wichtigen Meetings sah ich, wie mein auf lautlos gestelltes Smartphone immer wieder vibrierte. Anfangs beschloss ich, die Anrufe zu ignorieren. Als sich das Handy aber irgendwann vor lauter Vibrieren verzweifelt im Kreis drehte, schielte ich leicht besorgt aufs Display und sah, dass es unsere Nanny war, die vergeblich versuchte, mich zu erreichen. Alarmiert rief ich zurück – hoffentlich war nichts mit den Kindern! Die Nanny wollte mich beruhigen und sagte, es sei nichts, also nicht wirklich, aber irgendwie schon. Meine Mädels hätten Läuse! Ich zögerte kurz und entschied dann erleichtert, dass das ein lösbares Problem war. Ich würde gleich Läusekamm und Läusemittel besorgen und dann ... Da unterbrach mich die Nanny etwas peinlich berührt und teilte mir mit, dass nicht nur meine Töchter Läuse hatten, sondern der gesamte Schulchor!

Da landete ich also wieder einmal auf meinem Hintern und musste mir eingestehen, dass die Hürde, die ich hatte nehmen wollen, wohl etwas zu hoch für mich gewesen war. Ich würde vermutlich niemals Supermom sein. Kleinlaut rief ich die Chorleiterin an und entschuldigte mich, besorgte alle Läuseutensilien und wurde zu Hause grinsend von meinem Mann empfangen: »Hey Supermom, du Brutstätte aller Läuse. Jetzt kannst du dich in der Schule nicht mehr blicken lassen.« Frustriert machte ich mich an die Arbeit, betrachtete die Haare meiner Kinder mit einer Lichtlupe und kämmte Strähne für Strähne durch. Bis mein Mann, die Mädels und ich irgendwann lachen mussten, weil das Ganze so absurd und eigentlich ziemlich lustig war. Ich wollte doch nur einmal perfekt sein und habe dabei die ganze Chorgruppe mit Läusen infiziert. Ein Kind hatte offenbar vorher schon Nissen in den Haaren gehabt, und ich hatte sie mit meiner Bürste auf alle anderen Kinder verteilt. So etwas konnte wirklich nur mir passieren!

Wir Working Moms verbiegen uns oftmals, um etwas vorzuspielen, das wir gar nicht darstellen können. Ja, wir unterscheiden uns von den Müttern, die nicht arbeiten und zu Hause beim Nachwuchs bleiben. Äußerlich, aber nicht innerlich, nicht vom Herzen her. Denn da wollen wir Mütter alle das Gleiche: Dass es unseren Sprösslingen gut geht und dass sie glücklich sind. Und dafür ist es unerlässlich, dass Kinder ins Berufsbild der Frau integriert werden. Dass es genügend Männer gibt, die es begrüßen und unterstützen, wenn ihre Partnerin trotz und mit Kind arbeiten will. Dass ausreichend Hort- und Kitaplätze geschaffen werden und Arbeitgeber Working Moms genauso viel zutrauen wie Working Dads. Gleichzeitig sollten wir Frauen die Zukunft, die uns immer mehr Möglichkeiten schenken wird, lieben. Wir sollten nicht an alten Rollen und Mustern hängen, sondern dankbar sein für die neue Generation. Denn sie hat uns so viel zu geben, was wir dringend erkennen und auskosten sollten. Und wenn Sie dabei ab und zu hinfallen so wie ich, dann kann ich nur raten: Lachend aufstehen, Krone richten und weiterlaufen! That's life!

Kapitel 3

Die Kunst des Verkaufens

… und wie der Erfolg von ganz allein kommt

Wenig Up und viel Down

Viele fragen mich, was das Geheimnis meines Erfolgs ist als die Frau, die bisher die meisten Liveshows im deutschen Fernsehen moderiert hat und mit circa vierhundert Fernsehauftritten pro Jahr damit auf beinahe sechstausend TV-Stunden, eine Million Stammkunden und rund eintausendfünfhundert Produktentwicklungen kommt. Teleshopping vereint Verkaufen und Entertainment, es verkörpert unser digitales Zeitalter und war nie angesagter als heute. Umso größer die Frage: Wie verkauft man unterhaltsam? Es gibt sicher Tausende von Verkaufscoaches, die besser sind als ich und Ihnen jetzt perfekte Verkaufsstrategien vorlegen könnten. Ich will aber viel lieber erläutern, wie wichtig es ist, beim Verkauf von Produkten auf die innere Stimme zu vertrauen, menschlich zu bleiben und sich in seine Kunden hineinzuversetzen, um zu spüren, wie sie fühlen und denken. Ich möchte Ihnen von meinem beruflichen Weg erzählen, davon, wie ich völlig überraschend zum Teleshopping kam und versucht habe, in diesem Bereich zu blühen – denn in dem Satz »Blühe, wo du gepflanzt wirst« liegt so viel Wahres. Und ich will Ihnen davon berichten, wie ich die Kunst des Verkaufens erlernte und gleichzeitig erkannte, dass sie symbolisch für die Kunst des Erfolgs steht.

Ich kam zum Teleshopping wie die Jungfrau zum Kind: Nachdem ich meine Karriere als Opernsängerin aus gesundheitlichen Gründen hatte beenden müssen, jobbte ich per Zufall und ein wenig aus Verzweiflung in einem Fitnessstudio und verkaufte dort an der Theke alles, von Eiweißshakes über gesunde Ballaststoffriegel und fettverbrennende L-Carnitin-Ampullen bis hin zu Grapefruitschorlen. Ich suchte einen neuen Platz im Leben und hätte genauso gut an der Kinokasse oder der Wursttheke landen können. Ich dachte einfach: Judith, nimm den Job, dann bist du weg von der Straße und runter vom Sofa. Sei dankbar, dass du wieder gesund bist, es hätte alles viel schlimmer kommen können. Verdiene dir ein bisschen was dazu, freue dich über deine neue Aufgabe und sei nicht undankbar, dass es nicht dein Traumjob ist. Was ich damals noch nicht wusste: Dieser Schritt hat den Stein ins Rollen gebracht und mich letztendlich zu dem gemacht, was ich heute bin. Deshalb lautet auch ein Rat, den ich heute mit gutem Gewissen jedem, der seinen beruflichen Weg noch nicht gefunden hat, geben kann: Wer seinen Traumjob noch nicht gefunden hat, sollte dankbar sein, überhaupt einen Job zu haben, und trotz allem darin das Beste geben. Der ideale Job kommt nicht einfach angeflogen, den muss man sich bauen. Vom Nichtstun wird man unproduktiv und entfernt sich immer weiter von sich selbst.

Also bemühte ich mich, den Job ernst zu nehmen und dafür zu sorgen, dass ich ihn gut mache. Und wie ging das besser, als sich für meine Kunden zu interessieren? Ich beobachtete sie und fragte mich: Welche individuellen Ziele haben sie, was sind ihre Träume und wie kann ich sie dabei unterstützen? Wie kann ich als Empfangsdame den Kunden die Zeit im Studio so wertvoll und entspannt wie möglich machen und dadurch selbst das Gefühl bekommen, etwas Sinnvolles zu tun? Die Antwort war ganz einfach, und ich machte mich sofort an die Arbeit: Ich betrieb Customer Obsession und prägte mir von jedem Fitnessstudiobesucher ein, ob er Muskeln aufbauen oder Fett abbauen wollte, denn dies würde darüber entscheiden, welche Art von Shakes, Getränken oder Riegeln er zu sich nehmen würde. Dabei fiel mir auf, dass die meisten von ihnen zum Warmwerden auf den Stepper oder das Laufband gingen, dabei unheimlich viel schwitzten und danach enormen Durst hatten. Ich merkte mir ihre Geschmackspräferenzen, und sobald sie zur Tür reinkamen, hatte ich schon ihren Namen auf den Bierdeckel geschrieben und ihnen ihre Grapefruit-, Apfelsaft- oder Johannisbeerschorle rübergeschoben. Außerdem erkannte ich, dass das Eiweiß eines Shakes bereits im Körper sein musste, wenn derjenige anfing zu trainieren. Also habe ich mir gedacht, es wäre doch clever, wenn ich sie frage: Du, soll ich dir vorab einen halben Shake machen, dann kannst du den jetzt trinken und die andere Hälfte nach dem Training? Die Kunden waren begeistert und die Schorlen, Shakes, Ampullen und Riegel flogen nur so über den Tresen. Der Empfang war zu meinem Raum geworden, in dem ich blühen konnte. Es hört sich vielleicht ein bisschen komisch an, aber ich glaube an Räume. In jeder Firma gibt es Besserwisser, die ihren eigenen Raum nicht aufräumen und stattdessen gern im Raum des Kollegen rumpfuschen. Eine Vollkatastrophe! Dabei hat im Job jeder seinen eigenen Raum, seinen Bereich, den er pflegen und hegen muss.

Doch das war mir früher alles noch gar nicht bewusst. Ich handelte einfach aus einem Gefühl heraus, wodurch ein Magic Moment entstand und etwas Wunderbares bewirkt wurde: Die Kunden waren zufrieden, der Umsatz des Fitnessstudios wurde angekurbelt, und ich hatte plötzlich eine Aufgabe. Ich hatte es geschafft, mein Ego auszuschalten, obwohl es die ganze Zeit rufen wollte: Oh, eigentlich könnte ich jetzt auf der Bühne stehen und Arien schmettern. Eigentlich bin ich ja zu etwas Besserem berufen, als in einem Fitnessstudio an der Empfangstheke zu stehen. Natürlich war mir bewusst, dass einige Menschen mich ansahen und die Nase rümpften, weil ich in ihren Augen nichts weiter als eine kleine Verkäuferin war. Ich sagte mir einfach: »Hey, sind wir nicht alle irgendwie Verkäufer? Der Bankangestellte, der Zahnarzt, die Sängerin? Wir verkaufen eine Dienstleistung oder ein Talent und sitzen damit alle im selben Boot.«

Die Verkaufszahlen der Produkte schnellten seit meiner Anwesenheit wohl rasant in die Höhe, denn eine Freundin fragte mich, was los sei – immer wenn ich im Fitnessstudio arbeiten würde, seien alle Produkte ausverkauft. Sie war es auch, die mich auf mein Verkaufstalent aufmerksam machte, und ich war ehrlich gesagt total erstaunt, weil ich mich selbst bisher noch nie so wahrgenommen hatte. Doch meine Freundin rüttelte mich wach und gab mir den Tipp, dass beim Fernsehsender QVC dringend Verkäuferinnen gesucht würden.

Und ich dachte: Okay, jetzt bin ich ein paar Monate im Fitnessstudio, aber wie lange will ich das noch machen? Alle Studiengänge, die mich interessierten, hatten schon begonnen, sollte es so die nächsten Monate weitergehen? Verkaufsfernsehen ..., überlegte ich weiter, hört sich ziemlich verrückt an. Was kauften die Leute da nur? Regenschirme? Wie bekloppt war das denn? Weil ich den Sender QVC nicht empfangen konnte, hatte ich keine Ahnung, was für eine Millionenindustrie dahintersteckte. Also bewarb ich mich ohne jegliche Vorkenntnisse und auf gut Glück bei diesem Verkaufssender ... und wurde sofort abgelehnt. Beim Singen war mir alles wie selbstverständlich zugefallen, weil da mein Talent lag. Und jetzt, wo mein Talent weg war und ich verzweifelt nach einem neuen suchte, gab es plötzlich eine Mauer, auf der in fetten Buchstaben stand: »Nein danke!« Und dieses »Nein danke« war mir gewidmet!

Für eine kurze Zeit war ich geknickt, dann raffte ich mich auf und beschloss: Ich bin ein Bumerang! Ich gebe nicht auf und bewerbe mich wieder und wieder – solange, bis sie mich nehmen. Also habe ich mich erneut beworben und konnte kaum glauben, als sie mich tatsächlich einluden. Diesmal bereitete ich mich perfekt vor und recherchierte bis ins kleinste Detail über QVC, was zur Folge hatte, dass ich wusste, bei welchem Megaunternehmen ich gelandet und dadurch extrem aufgeregt war. Ich sollte einen Ring mit einem kleinen Edelstein präsentieren und bekam dazu eine Karte mit allen wichtigen Fakten über das Produkt. Mit zitternden Händen versuchte ich, alle Daten auswendig zu lernen, war aber so angespannt, dass ich mir nicht mal die Größe des Edelsteins merken konnte. Als das Casting vorbei war, hatte ich das Gefühl, es trotzdem ganz gut hinbekommen zu haben. Bis man mir mit bedauernder Miene mitteilte, dass ich zu statisch, zu hölzern, zu unnatürlich und zu unerfahren gewirkt habe. Okay, schoss es mir durch den Kopf, das war vielleicht kein Kompliment, doch alles, was sie an dir kritisiert haben, lässt sich abstellen. Du kannst es verändern! Es hat nichts mit deiner Persönlichkeit zu tun. Und deshalb bekniete ich die Entscheider von QVC und versicherte sehr überzeugend: »Wissen Sie, ich werde so an mir arbeiten, dass Sie total begeistert von mir sein werden. Ich hänge mich rein, ich werde mich verbessern und extrem fleißig sein. Und wenn ich es nach vier Wochen nicht bringe, schmeißen Sie mich einfach wieder raus.« Kurz wurde Rücksprache gehalten, dann nickten sie. Ihnen gefiel, wie sehr ich mich ins Zeug gelegt hatte, und sie wollten mir tatsächlich eine Chance geben! Ich hatte mich also richtig verkauft. Die wollten mich nicht, aber ich wollte die. Und das musste für den Anfang reichen.

Die Suche nach der goldenen Verkaufsregel

Ich bekam einen Arbeitsvertrag, der auf ein Jahr begrenzt war, und suchte fieberhaft nach der goldenen Regel des Verkaufens, um möglichst alles richtig zu machen. Mir wurde ein Verkaufstrainer an die Seite gestellt, der mir zeigen sollte, wie ich Produkte am besten an den Mann und die Frau bringe. Genau wie ich war dieser Verkaufstrainer früher Opernsänger gewesen, was ich bis heute für einen sehr lustigen Zufall halte. Mit seiner etwas künstlerisch-chaotischen Art versuchte er, mir die Geheimnisse des guten Verkaufens zu vermitteln, was mir sicherlich auch ein Stück weit geholfen hat, aber ich wollte selbst spüren und erkennen, um was es ging. Hands on, dachte ich und begann, mit offenen Augen durch Geschäfte zu wandern und Verkäuferinnen bei ihrer Arbeit zu beobachten.

Das erste Geschäft suchte ich mit der Absicht auf, eine Pfanne zu kaufen. Etwas überfordert sah ich mich in einem Dickicht aus gefühlten fünfhundertachtundsechzigtausend Pfannen um und hoffte auf die Hilfe einer Verkäuferin. Doch ich lief auf und ab, schlenderte umher, sah mich um, und zehn Minuten lang passierte nichts! Dann pirschte ich mich vorsichtig an eine Verkäuferin heran und bat sie höflich um Hilfe, woraufhin sie mir mit vorwurfsvoller, energischer Miene erklärte, sie sei für die Pfannen nicht zuständig, die Kollegin komme gleich. Sofort hatte ich ein schlechtes Gewissen, dass ich sie überhaupt angesprochen hatte. Darüber nachsinnend, wie ich das nächstes Mal vorsichtiger und höflicher vorgehen könnte, wartete ich weitere zehn Minuten und beobachtete, wie die Verkäuferin, die mir so energisch begegnet war, drei Meter weiter einen unterhaltsamen Plausch mit ihrer Kollegin hielt. Noch etwas erschrocken vom ersten Zusammentreffen mit ihr, traute ich mich nicht, sie erneut anzusprechen. Als dann endlich die lang ersehnte Verkäuferin herbeischlurfte und ich meinen Wunsch nach einer beschichteten Pfanne äußerte, verkündete sie, es gebe so viele verschiedene, ich müsse schon wissen, welche genau ich haben wolle. Ich erklärte ihr, dass ich das nicht genau wisse und auf ihre Hilfe baue, woraufhin sie erwiderte, sie könne mich nur beraten, wenn ich wisse, was ich wolle. Und ich dachte nur fassungslos: war es nicht eigentlich die Beratung, die mich schlussendlich zur Pfanne führen sollte? Ein Kunde hat meist Lust, sich etwas zu gönnen, weiß aber oft nicht genau, was. Die Kunst des Verkaufens besteht schließlich darin, dem Kunden ein Produkt so lustvoll anzubieten und ihn so liebevoll dorthin zu führen, dass er am Ende kauft. Der Verkauf sollte wie ein Tanz sein, der beiden Freude bereitet. Dieser Tanz hier ging aber eindeutig in die Hose.

Nachdem ich darauf drängte, von ihr beraten zu werden, wollte sie wissen, ob ich manchmal koche. Und wenn ja, für wie viele Personen. Ich rechnete etwas überfordert nach: Manchmal für zwei, ein anderes Mal für vier, es gab aber auch Abende, da kochte ich für acht. Ja, was ich denn so koche, erkundigte sich die Dame dann. Damit war ich etwas überfragt. »Spiegeleier, Steak …«, begann ich aufzuzählen, und spätestens hier hätte die Verkäuferin meine Unsicherheit erkennen und mir schmunzelnd ein paar schöne Kochrezepte mit auf den Weg geben können, um meine Fantasie zu beflügeln. Stattdessen zog sie entschlossen eine riesige Pfanne aus den Untiefen der Regale hervor, so als wollte sie mir gleich damit eins über den Schädel hauen. Überrascht erklärte ich ihr, dass die viel zu groß sei, woraufhin sie mich vorwurfsvoll anblickte und mir vorwarf, ich würde doch für acht Leute kochen. »Nein!«, konterte ich leicht verzweifelt. »Nicht jeden Tag, nur manchmal.« Also erklärte ich ihr, dass ich eine mittlere Pfanne bräuchte, die ich gut mit einem Schwamm reinigen könne, und wurde sofort zurechtgewiesen, dass eine beschichtete Pfanne niemals mit einem Schwamm gereinigt werden dürfe und sie gemerkt habe, dass eine beschichtete Pfanne das völlig Falsche für mich sei. Und da wurde mir eine wichtige Grundregel klar: Wenn dein Kunde glaubt, dass er etwas braucht, rede ihm nicht aus, dass er das braucht! Sonst gibst du deinem Kunden das Gefühl, ein Vollidiot zu sein! Also verließ ich das Geschäft ohne Pfanne, und die Verkäuferin schlurfte davon. Erleichtert, endlich wieder ihre Ruhe zu haben.

Das zweite Geschäft war eine Parfümerie, in der alle die Nase ein bisschen zu weit oben trugen. Die Verkäuferinnen waren todschick gekleidet und perfekt gestylt, sodass ich mich sofort underdressed und hässlich fühlte, weil ich ausgerechnet an dem Tag im Wohlfühllook unterwegs war. Oje, schoss es mir durch den Kopf, die denken wahrscheinlich, wie kann sich ausgerechnet so eine Kreatur in diesen Laden verirren. Kaum hatte ich das Geschäft betreten, stürzte schon eine etwas streng wirkende Dame auf mich zu und fragte, ob sie mir helfen könne. Ich erklärte ihr, dass ich auf der Suche nach einem zu mir passenden Parfum sei, und sie ratterte sofort herunter: »Den Duft eher blumig, holzig, exotisch, orientalisch oder klassisch-elegant?« Ich zuckte erschrocken zurück und dachte: Aha, Regel Nummer zwei: Gib deinem Kunden nicht zu viel Auswahl. Das überfordert! Um ihr nicht antworten zu müssen, nahm ich ein Parfum aus dem Regal und wollte es mir aufs Handgelenk sprühen, während ich ihr mitteilte, dass ich keine Ahnung hätte und mich inspirieren lassen wolle. Hastig nahm sie mir mit ihren perfekt manikürten Nägeln das Parfum aus der Hand und tadelte mich, dass man die Düfte nicht auf die Haut, sondern auf einen Teststreifen sprühen müsse. Schon wieder hatte ich das Gefühl, etwas falsch gemacht zu haben – wie absurd, denn Kunden machen nichts falsch! In den darauffolgenden zwanzig Minuten sprühte sie Dutzende von Parfums auf Papier, wedelte mir damit unter der Nase herum und legte die Teststreifen dann alle übereinander, sodass ich am Ende vor lauter Duftwolken weder etwas riechen, noch die einzelnen Düfte auseinanderhalten konnte. Als ich mich völlig überfordert verabschiedete, ohne zu kaufen, schüttelte die Verkäuferin herablassend den Kopf und ließ die

Teststreifen vorwurfsvoll mit einem künstlichen Lächeln in den Abfalleimer fallen.

Erst beim dritten Anlauf hatte ich Glück und traf auf eine Verkäuferin, die mich als Kundin so behandelte, dass ich mich ernst genommen und wohlfühlte. Es war eine etwas ältere Dame in einem Juweliergeschäft, die mich warm lächelnd mit den Worten begrüßte: »Grüß Gott, schauen Sie sich doch ganz in Ruhe um, und wenn Sie Hilfe brauchen, geben Sie mir einfach Bescheid – ich bin jederzeit für Sie da.« Ein Wohlgefühl schlich sich bei mir ein. Kein Druck, keine Erwartung, keine Entscheidung, die ich treffen musste. Ich genoss es, ihre schönen Schmuckstücke bewundern und begutachten zu können. Als ich sie um Unterstützung bat, weil ich nach einer schönen Kette suchte, und sie spürte, dass ich noch unsicher bezüglich der Art der Kette war, erzählte sie mir leidenschaftlich, was es für Unterschiede in diesem Bereich gab. Ich merkte, dass sie ihren Beruf und die Produkte, die sie verkaufte, liebte, und mir wurde bewusst: Das ist essenziell! Du wirst immer erfolgreicher verkaufen, wenn du das, was du verkaufst, liebst. »Gold, Silber, feingliedrig oder stärker? Mit Anhänger oder ohne? Vielleicht eine Statementkette, wollte sie wissen. Da ich mir nicht sicher war, was genau ich wollte, legte sie mir eine Kette nach der anderen an und kreierte dabei eine bildliche Welt um mich herum, die meiner Fantasie auf die Sprünge half. Sie malte aus, was ich wohl zu dieser und jener Kette tragen könnte, welcher Anlass passend wäre, wie der Ton meiner Haare mit der Kette harmonieren würde. Dabei wirkte sie wie eine Freundin, mit der ich mich zum Ausgehen fertig machte – wie eine Vertraute, die auf meiner Seite war und dafür sorgen wollte, dass ich gut aussah. Die Verkäuferin erschuf ein Umfeld, in dem ich mich wohlfühlte, und schaffte es gleichzeitig, mir bewusst werden zu lassen, was genau ich eigentlich suchte. Was sie mir eigentlich verkaufte, war Energie! Und zwar das Gefühl, mit mir selbst zufrieden zu sein, mir etwas Besonderes gegönnt zu haben und mich in dem, was und wer ich bin, bestätigt zu sehen. Und mir wurde klar: Egal, was du verkaufst, du verkaufst zugleich eine Form von Energie. Diese emotionale Welt kaufen die Leute mit.

Nach diesen drei so unterschiedlichen Verkaufserlebnissen ging ich nach Hause und hatte verstanden: Verkaufen bedeutet, dem Menschen zu helfen, etwas für seine Lebensumstände zu finden, etwas, das ihn zufrieden macht, ihm am besten dient und am besten zu ihm passt. Gleichzeitig muss sich der Käufer gut informiert, aber auch besonders wohlfühlen. Der Verkäufer, dem das gelingt, ist automatisch ein guter Verkäufer. Du führst den Menschen eigentlich zu sich selbst.

Die ersten Schritte

Ich hatte meine goldene Regel gefunden und war äußerst zufrieden, doch die Freude war nur von kurzer Dauer, denn schlagartig wurde mir bewusst: Ich sehe meinen Kunden im Fernsehen ja gar nicht! Ich kann nicht, wie die Schmuckverkäuferin, das Verhalten des potenziellen Käufers beobachten – ich muss mir jemanden vorstellen ... Und dennoch war mir klar, dass alle Käufer eines gemeinsam haben, ob jung, ob alt, ob männlich, ob weiblich: Sie alle wollen sich mit ihrem Kauf belohnen, sich etwas Gutes tun, ein angenehmes Erlebnis haben, genießen, vielleicht sogar ein Problem lösen. Deshalb durfte ich den Verkauf eines Produkts nicht nur zu einer guten Präsentation, sondern auch zu einem einzigartigen Erlebnis machen. Und somit war ich wieder bei der Bühne. Und wusste: Hey, du kannst langweilig verkaufen oder in bunten Farben mit viel Freude und Emotionen. Ja, ich war sicherlich überschwänglich in meiner Art, aber so war ich: glücklich und dankbar, verkaufen zu dürfen. Ob eine Pfanne, einen Fensterwischer oder einen Diamantring – es war völlig egal, jedes Produkt hatte dieselbe Hingabe verdient, und es musste für den Zuschauer ein unvergessliches Erlebnis sein, dieses Produkt in Aktion zu sehen.

Ich stellte mir vor, wie Frau Schmitt-Reinke die Pfanne zu Hause auspackte, und wie die Freude, die ich beim Verkaufen der Pfanne hatte, gleich mitgeliefert wurde – um dann in ihre Wohnung zu strömen und sich wohltuend auszubreiten. Und jeden Tag, wenn Frau Schmitt-Reinke morgens die Spiegeleier für ihren Mann briet, strömte diese Freude wieder aus der Pfanne und bestätigte sie darin, die richtige Entscheidung getroffen zu haben und eine kompetente Hausfrau zu sein. Mit dieser Vorstellung startete ich also in die Welt des Verkaufens.

Ich war wie ein Schwamm, der alles aufsaugen wollte! Durch Learning by doing erweiterte ich mein Wissen immer ein Stück weiter.

Im Verkaufsfernsehen hat man eine wunderbare Möglichkeit, die Segen und Fluch zugleich ist, nämlich ein Feedback zu bekommen. Pro Sekunde weiß man als Moderator genau, ob man die Kunden gerade zufriedenstellt oder nicht – niemand ist so ehrlich wie ein Kunde im Verkaufsfernsehen. Und somit hatte ich die Chance, das Ergebnis meines Könnens live zu verfolgen und mich daran zu messen: Durch die angezeigte Verkaufszahl wusste ich ohne Beschönigung nach jeder Sendung gleich, ob ich gute Verkaufsarbeit geleistet hatte oder nicht. Wenn die Zahlen schlecht waren, dachte ich detailliert darüber nach, was ich beim nächsten Mal besser machen könnte. Mir war das aber nicht nur wegen meines eigenen Erfolgs wichtig, sondern vielmehr, weil persönliche Schicksale hinter jedem Produkt standen. Ein Erfinder, der die neue Gartenschere mit all seinem Hab und Gut herstellen ließ, war in dem Moment abhängig von meinem Können. Mir war sehr bewusst, dass er, wenn ich diesen Menschen nicht so unterstützte, wie seine Gartenscheren und er es verdient hatten, und sein Produkt nicht so verkaufte, dass es lebendig wurde, blühte und wie ein Feuerwerk sprühte, alle seine Gartenscheren zurückbekommen und seine Firma unter Umständen sogar pleitegehen würde. An mir lag also nicht allein, wie glücklich ich die Käufer machte, sondern an mir hing ebenfalls die Zukunft des Produkterfinders, seiner Firma und der damit verbundenen Menschen. Erst heute ist mir bewusst, dass dies der Anfang jedes unternehmerischen Denkens ist. Denn Unternehmer sein heißt auch, bereit zu sein, Verantwortung zu übernehmen.

Nach einem Jahr, in dem ich mich wirklich reingehängt und sehr engagiert hatte, suchte ich die Personalabteilung auf, um über die Zukunft zu sprechen. Wieder wollte ich mich gut verkaufen und sagte, dass ich gern bleiben würde und eine kleine Gehaltserhöhung schön fände. Woraufhin man mir nur emotionslos antwortete: »Frau Williams, Sie sind eine Mitarbeiterin wie jede andere. Ob Sie hier arbeiten oder nicht, macht für dieses Unternehmen keinen Unterschied.« Verletzt blickte ich die Kollegen an. Jetzt hatte ich ein Jahr lang mein Bestes gegeben, etwas gefunden, was mich nach dem Singen wieder erfüllte, was meinem Leben einen Sinn gab und mir das Gefühl, ein weiteres schlummerndes Talent entdeckt zu haben, und nun sollte es für meinen Arbeitgeber tatsächlich völlig egal sein, ob ich da war oder nicht? Enttäuscht beschloss ich: Mich zu verkaufen, um einen Job zu bekommen, war eine Sache. Aber meine Seele verkaufen würde ich nicht. Und deshalb stand ich auf, erklärte, dass ich den Vertrag nicht verlängern würde und ging Richtung Tür. Eine der Mitarbeiterinnen verzog spöttisch das Gesicht und sagte: »Wenn Sie meine Tochter wären, würde ich Ihnen die Ohren langziehen.« Und ich antwortete ruhig: »Sehen Sie, dann habe ich großes Glück, dass Sie nicht meine Mutter sind.« In jedem Unternehmen gibt es Intrigen und Befindlichkeiten untereinander, denn dort, wo Menschen sind, menschelt es eben. Man muss sich nur entscheiden, ob man sich davon aufhalten lässt. Ich habe lieber mein Ego ausgeschaltet, einen kühlen Kopf bewahrt und überlegt, wie ich wieder auf den richtigen Weg zu meinem Ziel komme, beruflich glücklich und erfüllt zu sein.

Während ich darüber nachdachte, wie es mit mir weitergehen sollte, erhielt ich einen völlig überraschenden Anruf von Dr. Georg Kofler. Er war Programmchef bei HOT, dem zweiten Teleshopping-Sender Deutschlands, der auf dem Weg war, noch erfolgreicher als QVC zu werden. Kofler hatte den Konkurrenzsender beobachtet, und ich war ihm während meiner Moderationen positiv aufgefallen. Er lud mich nach München, meiner Heimatstadt, ein, und wollte mich kennenlernen. Ungläubig legte ich auf und schwebte auf Wolke sieben! Er hatte mich auserwählt, jemand hatte mein Talent tatsächlich erkannt! Kurz darauf stand ich mit meinem Koffer im todschicken München und zog – weil ich keine Wohnung fand – in einer alten Villa ein, die gefühlt seit 1930 keiner Renovierung mehr unterzogen worden war. Aber wissen Sie was: Das war mir völlig egal! So glücklich war ich. Ich sollte eine neue Chance bekommen, war hungrig und wollte alles geben! Dieser Hunger, den ich hatte und bis heute immer noch regelmäßig verspüre, ist sicher ein Grundpfeiler meines Erfolgs. Jeder sollte sich regelmäßig hinsetzen und sich fragen: Also, worauf habe ich heute Hunger?

Diese Welt, die sich mir da offenbarte in der Weltstadt mit Herz, der High Society und der aufregenden TV-Branche, ließ mich schwindlig werden. Ich staunte: Wow, Judith, das ist wie ein gedüngtes Feld, in das du als kleines Samenkorn nur hineinfallen musst und sofort lossprießen kannst. Ich sage gern: »Blühe, wo du gepflanzt wirst«, ergänze das aber mindestens genauso gern durch: »Schau dir die Umgebung, in der du gepflanzt wirst, genau an.« Und meine Umgebung war ein erfolgreicher Teleshopping-Sender mit einem Programmchef, der schon Pro7 mit aufgebaut hatte und auf seinem Gebiet eine Koryphäe war. Diesen Mann, der auf mich setzte, wollte ich auf keinen Fall enttäuschen!

Wieder gab ich alles, setzte mein bisher erworbenes Wissen ein und bemühte mich um Professionalität. So riss ich mich auch an Tagen, an denen ich mit dem linken Fuß aufgestanden war, zusammen und disziplinierte mich selbst. Ich wusste, dass Liveshows die Königsklasse sind – wie eine Bühne, auf der du das hohe C perfekt singen oder es komplett verhauen kannst. Ich stand oft unter mentalem Stress und durfte gar nicht darüber nachdenken, dass mir Millionen von Menschen in meinen Sendungen zuschauten, doch ich wollte mir nicht anmerken lassen, wenn es mir mal schlecht ging. Weil ich mir immer dachte: Der Mensch vorm Fernseher konnte nichts dafür, dass ich schlechte Laune hatte. Diese Selbstdisziplin bei Liveshows ist ein großer Segen und eine wichtige Erfahrung, weil gewisse selbstzerstörerische Anwandlungen, die jeden von uns hin und wieder überkommen, dort keinen Platz haben. Wenn ich mir eine Stunde lang einrede, dass mein Leben herrlich ist, ist es danach herrlich. Ich finde, in jeder Jobbeschreibung sollte stehen: Essenziell ist es, gute Laune mitzubringen! Denn dann ist es sehr schwer, nicht erfolgreich zu sein. Und genau daran hielt ich mich.

Allerdings fragte ich mich auch, ob das alles gewesen sein sollte, und ermahnte mich: Judith, blühe, wo du gepflanzt worde bist! So suchte ich weiterhin nach Herausforderungen und pickte mir bewusst Sendungsformate heraus, die einen schlechten Umsatz machten. Ich erkundigte mich bei den Sendungsverantwortlichen gezielt danach, ob ich diese Sendungen mal moderieren dürfte – mit dem Hintergedanken, beweisen zu wollen, dass alles erfolgreich sein kann, wenn man es richtig anpackt. Und natürlich, um ein Erfolgserlebnis für mich zu schaffen. Mein erster Ansatz war es, ein nicht erfolgreiches Produkt immer mit einem liebevollen Blick zu betrachten, und so beschäftigte ich mich zuerst mit der jeweiligen Entstehungsgeschichte des Produkts. Hinter einer Handcreme stand vielleicht ein Mann aus dem Allgäu, dessen Mutter eine Kräuterhexe war. Der deshalb glaubte, die beste Handcreme der Welt kreieren zu können, und somit seine ganze Liebe und sein ganzes Geld in dieses Produkt gesteckt hatte. Allein aus diesem Grund hatte diese Handcreme es verdient, respektvoll behandelt und gut auf den Markt gebracht zu werden, um mit der nötigen großen und emotionalen Brille gesehen zu werden. Denn wenn man den Zuschauern die Bedeutung dieses Produkts nahezubringen vermochte, würden sie auch verstehen, dass die Handcreme es durchaus wert war, ausprobiert und wertgeschätzt zu werden. So kämpfte ich also für die Produkte, die es verdient hatten, liebevoll betrachtet zu werden, und versuchte gleichzeitig, meine Zuschauer zu begeistern.

Teleshopping war in seinen Anfangsjahren nicht besonders gesellschaftsfähig, und die CEOs überlegten sich, was sie tun könnten, um das Denken der Menschen zu ändern und Anreize zu schaffen. Eine der wenigen Lösungen, die sie damals hatten, war, Prominente für den Sender zu werben. Und so kam es, dass sich einige Jahre lang ein Prominenter nach dem anderen die Klinke in die Hand gab, um das Image des Teleshoppings aufzuwerten. Für uns Moderatoren war das einerseits eine aufregende, aber wie sich herausstellen sollte, manchmal auch eine etwas undankbare Zeit. Eines Tages erschien eine attraktive Frau, die allein dadurch bekannt war, dass sie die Ex eines wohlhabenden Mannes war, den in Deutschland alle verehrten und kannten. Verblüfft beobachteten wir, für welchen Aufruhr diese sympathische Dame sorgte. Vor allem beim männlichen Management. Die sonst so grauen und starren Gesichter, die einem so auf dem Flur begegneten, hatten sich plötzlich in Gesichter mit lebendigen, strahlenden Augen und lächelnden Mündern verwandelt, aus denen zauberhafte Komplimente strömten. Kurzum: Alle waren hin und weg von dem prominenten Neuzugang.

Als ich in die Chefetage zitiert wurde, glaubte ich, man habe mein starkes Engagement erkannt, und jauchzte innerlich. Wilde Gedanken spielten sich in mir ab, und ich malte mir aus, dass man auf meinen Wissenshunger aufmerksam geworden war und mich zur Belohnung zu einer ganz besonderen Schulung schicken wollte. Ach, das wäre toll, noch etwas dazulernen zu dürfen und auf einzigartige Art und Weise gefördert zu werden. Doch alles kam ganz anders. Schon beim Betreten des Raumes spürte ich die gute Laune – es lag etwas in der Luft. Freudig und aufgeregt verkündeten mir die Herren, dem Unternehmen stehe etwas ganz Besonderes bevor, eine ganz große Chance: Sie hätten mit viel Zureden glücklicherweise besagte Exfrau des bekannten Mannes mit ihrer ersten eigenen Schmuckkollektion für eine Sendung gewinnen können. Ich dachte nur: Wahnsinn, sie sprechen von ihr, als wäre sie Madonna oder mindestens Jennifer Lopez leibhaftig, bemühte mich aber, mir meine Gedanken nicht anmerken zu lassen, und flüsterte mir selbst zu: Judith, Contenance, Contenance, deine Zeit wird kommen. Sie fuhren fort und kamen zum eigentlichen Thema: Sie hätten mich ausgewählt, gemeinsam mit dieser außergewöhnlichen Frau durch die Sendung zu führen – weil ich eben eine ihrer besten Moderatorinnen sei. Gerade wollte ich mich über dieses Lob freuen, da fügten sie hinzu, für den Erfolg der Sendung müssten sie mich allerdings um etwas bitten. Ich richtete mich engagiert auf und wollte ihnen gerade bestätigen, dass ich mich mit all meiner Kraft dafür einsetzen werde, dieses Projekt erfolgreich zu machen, da erklärten sie mir, ich solle die Dame zwar führen und leiten, doch bitte nicht in meiner überschwänglichen, mitreißenden Art. »Judith, bitte halte dich zurück!«, fügten sie mit einem auffordernden Blick hinzu. Und ich dachte bloß: O Gott, ich bin viel zu laut und viel zu aufdringlich. Einfach zu viel Ich! Die Hälfte von mir reichte wohl. Perplex fragte ich noch einmal nach – schließlich war ich ausgewählt worden, weil man mit meiner Arbeit sonst offensichtlich zufrieden war –, und daraufhin wurde mir mitgeteilt, ich solle nicht so laut, nicht so lustig, nicht so extrovertiert sein und meiner Co-Moderatorin genügend Raum lassen. Ich verstand die Botschaft und war gewillt, die Hälfte meiner Persönlichkeit zu vergraben, meine Energie zu dosieren, sie scheibchenweise einzusetzen und mein Lachen auf ein Minimum zu reduzieren, wenn überhaupt. Außerdem sagte ich mir: Judith, das ist brillant. Die machen eine anständige Moderatorin aus dir. Das ist deine Chance! Du musst einfach lernen, nur zehn Prozent von dir rauszulassen, und dann bist du genau richtig. Entschlossen sprach ich mir selbst Mut zu: Jetzt ist Schluss mit dieser Lustigkeit. Schaut mal, wie kontrolliert ich sein kann. Ihr werdet es gar nicht glauben können. Und dann schoss mir wieder verzweifelt durch den Kopf: O Gott, die halten mich für eine laute, immer lachende und kreischende Furie, die zwar ihre Sachen gut an den Mann bringt, aber viel zu aufdringlich ist. Geknickt ging ich davon und ermahnte mich selbst: Judith, sei zurückhaltend, still und angepasst, sei zurückhaltend, still und angepasst ...

Besagte prominente Dame lernte ich ein paar Tage

später kennen. Sie war sehr herzlich und freundlich, doch ich merkte, dass sie so wie wir alle eine Chance suchte und offenbar aus der Bussi-Bussi-Gesellschaft kam, in der man so tat, als wäre man seit Jahrzehnten bestens befreundet. Ich genoss das und sah es als Abenteuer, war aber auch erstaunt über ihre Kunst, sich so ätherisch-hilflos zu geben, dass die Männer sich dadurch angespornt fühlten, ihr zart umschwärmend zur Hilfe zu eilen. Sie plusterten sich auf wie Pfaue und hatten das Gefühl, ein großer Star habe sich durch ihre Pforten bewegt.

Die Sendung begann, und wieder betete ich in meinem Kopf die Worte »sei zurückhaltend, still und angepasst« herunter. Werde endlich eine anständige Moderatorin. Der Producer teilte mir über das Earpiece, einen kleinen Knopf im Ohr, mit: »Wir fangen jetzt an, bitte am Anfang leichte Fragen stellen. Und du weißt: Halt dich bitte zurück. Fünf, vier, drei, zwei, eins ..., on air!« Kaum waren wir auf Sendung, wollte ich von meiner Gesprächspartnerin wissen, wieso sie Schmuck liebte und woher ihre Leidenschaft dafür rührte. Kichernd versuchte sie, Auskunft über ihr Leben als Societylady zu geben, was aber so weit weg vom wirklichen Leben war, dass ich dachte: Oh, das wäre Stoff für einen nächsten Rossini-Film, aber unsere Kunden lebten nun mal nicht auf den roten Teppichen und waren nicht daran interessiert, ob diese Dame Kaviar und Champagner zum Frühstück hatte. Über meinen Knopf im Ohr, der mich weiterhin mit dem Producer verband, wurde mir daraufhin die Anweisung gegeben nachzufragen, wie die Dame denn auf Design und Edelsteine gekommen sei. Wieder begann ihr Satz mit einem Kichern, und die neu ernannte Schmuckdesignerin antwortete so belanglos mit einer gespielt kindlichen Stimme, dass ich mich zurückhalten musste, nicht einzugreifen. Da ich beweisen wollte, dass ich diese Frau zum Erfolg führen konnte, lieferte ich ihr eine Steilvorlage und legte ihr quasi die Worte in den Mund. Sie sei doch eine Jetsetterin, sie habe doch eine künstlerische Seele, und sie sei doch sicherlich durch ihr eigenes, aufregendes Leben inspiriert worden. Hastig nickte die Jungdesignerin, aber auf weitere Eingebungen ihrerseits warteten wir alle vergeblich. Mittlerweile waren dreißig Minuten dieses hochintellektuellen Austausches vergangen. Als ich sie auf den Edelstein eines Schmuckstücks ansprach und sie dessen Namen vergessen hatte, gingen wie so oft die Pferde mit mir durch. Wie ein leise verstummender Hall hörte ich in meinem Kopf noch: Sei um Gottes willen zurückhaltend, still und angepasst. Zu spät! Mit größtem Engagement verkaufte ich nun die Designerin und setzte sie so in Szene, dass sie mich ganz ungläubig anblickte. Wahrscheinlich fragte sie sich, von wem ich da sprach, und mir wurde zu meinem Unglück bewusst: Schon wieder hatte ich mich nach vorne gedrängelt!

Was bei meinen Chefs offensichtlich nicht so gut ankam, denn sofort bekam ich die aufgeregte, wütende Anweisung aufs Ohr, ich solle der Frau genügend Raum lassen und mich zurücknehmen. Auf frischer Tat ertappt, hielt ich mich sofort strikt an alle Anweisungen, was dazu führte, dass die Verkaufsvorführung schneller beendet wurde als gedacht.

Da ich mich dennoch im Großen und Ganzen brav geschlagen hatte, freute ich mich auf das anstehende gemeinsame Meeting. Ich folgte allen anderen wie selbstverständlich, da ich dachte, es handle sich um die sonst übliche Kritik nach der Sendung. Vom Flur aus blickte ich in den Meetingraum, der mit Silbertabletts voller edler Häppchen überhäuft war. Während ich von diesem Anblick noch ganz verzaubert und zudem ziemlich hungrig war, huschte die Sekretärin an mir vorbei, fasste mich freundlich am Arm und sagte: »Danke, Judith, wie immer fein gemacht. Bis morgen dann.« Ich fragte nach, ob meine Anwesenheit nicht eine Hilfe sein könnte, aber sie schüttelte nur den Kopf und schloss die Tür hinter sich. Ich hatte verstanden, dass ich zu diesem erlauchten Kreise nicht dazugehörte. Ich war dort unerwünscht. In dem Moment fühlte ich mich so unendlich klein – wo ich doch eigentlich so viel erreichen wollte und davon überzeugt war, etwas bewegen zu können und dass es etwas ausmachte, ob ich in einem Team dabei war oder nicht. Dieser Moment war ein ziemlicher Reality Check, den ich nie vergessen habe, für den ich aber sehr dankbar bin. Mir wurde klar, dass ich lediglich ein Instrument war und kein Teil dessen, wozu ich gern gehören würde. Ich hatte das Gefühl, dass ich wie eine Marionette funktionieren sollte, eigenes Denken und Handeln indes unerwünscht wären.

Eine ganze halbe Stunde saß ich in der Tiefgarage

und grübelte, wie es mit mir weitergehen sollte. Da sah ich die Schmuckdesignerin in ihren Wagen steigen und an mir vorbeifahren. Sie blickte mir direkt in die Augen, woraufhin ich lächelte und nett winkte, doch die Dame nickte nur einmal mit dem Kopf und rauschte davon. Auch ihr Leben war schon weitergegangen. Ich weiß noch wie heute, dass ich daraufhin weinend, auf der Suche nach einer gehörigen Portion Mitleid, meine Mutter anrief: »Mom, stell dir vor, was heute passiert ist!« Nachdem ich ihr die ganze Geschichte erzählt hatte und davon überzeugt war, viel zu laut, zu schrill und zu bunt zu sein, versuchte meine Mutter mich zu beruhigen: »Deine Zeit wird kommen, Schatzi. Lass dich von so einer Häppchenrunde ja nicht aus der Bahn werfen. Das war bestimmt kein so spannendes Meeting, und du darfst dich auf keinen Fall von deiner eigenen Eitelkeit kleinmachen lassen.« Sie hatte völlig recht: Da war es wieder, mein Ego. Anstatt zu verstehen, dass Unternehmen einfach so funktionieren – nämlich mit Mitarbeitern, die zuverlässig die Arbeit erledigen, ohne ständig dafür gewürdigt zu werden –, war ich eingeschnappt, weil ich nicht am Häppchenbuffet hatte zugreifen dürfen. Mir wurde klar, dass ich mich am eigenen Schopf packen und erkennen musste: Du hast das getan, was in deinem Rahmen erforderlich war. Du hast deine Aufgabe erledigt, und deine Aufgabe war es nicht, vom Häppchenbuffet zu naschen. Du bekommst ein Gehalt, damit du im Anschluss an die Moderation nach Hause gehst und dir deine eigenen Häppchen zubereitest. Sie fragen sich, warum ich Ihnen die Häppchengeschichte erzähle? Weil sie symbolisch für eine wichtige Grundregel des Erfolgs steht: Lass dich nicht von Eitelkeit irreführen!

Meine Mutter wollte anschließend eindringlich von mir wissen, ob ich eine Ahnung hätte, wo ich gebraucht würde und was meine eigenen Vorstellungen und weiteren Träume seien. Fast traute ich mich nicht, es auszusprechen, aber ich wusste, was ich eigentlich wollte: I wanted to make a difference! Ich wollte, dass es einen Unterschied macht, ob Judith Williams in diesem Unternehmen arbeitet oder nicht. Ich wollte etwas Besonderes erschaffen. Im gleichen Moment kam mir das hochnäsig und eingebildet vor, ich fühlte mich arrogant und fragte mich, ob ich mir so einen Gedanken überhaupt erlauben durfte. You are not a good girl, schoss es mir durch den Kopf. Ein gutes Mädchen ist leise, bescheiden, umsichtig, unsichtbar und hält sich immer dezent zurück. Aber all das war ich offensichtlich nicht. Ich wollte gesehen werden! Ich wollte kein good Girl sein, ich wollte mich nicht ständig anpassen müssen und nach den Regeln anderer arbeiten, ich wollte verwirklichen, an was ich glaubte! Auch wenn ich damals gern aufgestanden wäre und meinen Traum laut herausgeschrien hätte, tat ich es nicht. Denn der Wunsch, etwas Eigenes zu erschaffen, verursachte mir ein schlechtes Gewissen.

Stolperfallen

Um mich wieder zu erden, führte ich einen Reality Check an mir durch und hinterfragte meinen Status quo: Ich hatte einen tollen Job, nette Kollegen, konnte erfolgreich sein und erkannte, dass ich nicht darauf warten durfte, dass andere für mich meine Träume verwirklichten, sondern selbst dafür sorgen musste. Und deshalb ging ich wieder mit offenen Augen in meinen Job zurück und suchte nach Besonderheiten und Herausforderungen, die mich irgendwie weiterbringen konnten. Vor jeder Sendung ging ich in die Abteilung des Einkäufers, um mich mit dem zu verkaufenden Produkt vertraut zu machen. Dabei entdeckte ich irgendwann in der letzten Ecke ein lieblos abgestelltes Ding, das wie ein kleiner Eiffelturm aussah. Da war er wieder: der Magic Moment, eine Eingebung! Das Teil erweckte meine Neugier, und der Einkäufer erklärte mir, dass es sich um den magischen Geflügelmaker handele. Auf das aus Edelstahl bestehende Küchenutensil konnte man Geflügel aufsetzen, welches dann breitbeinig darauf Platz nahm. Es hatte den großen Vorteil, dass das Fett nach unten floss und somit das Bratgut durch das Stahlgerüst von innen nach außen geheizt wurde. Was dazu führte, dass man jede Art von Geflügel in einem Drittel der Zeit zubereiten konnte und es extrem saftig wurde. Während mir der Einkäufer dies erklärte, hatte ich wieder mal Schmetterlinge im Bauch. Ich kannte das Teil aus Amerika und fand es damals schon so toll – weshalb ich nun vor dem

Einkäufer juchzend einen Freudentanz hinlegte und ihn anflehte, es in einer Sendung verkaufen zu dürfen. Der Einkäufer winkte frustriert ab und klagte mir sein Leid, dass der Geflügelmaker ein absoluter Ladenhüter sei und beim letzten Mal das Interesse der Zuschauer überhaupt nicht geweckt habe. Ha, dachte ich mir. Das ist deine Chance. Aufgeregt sprudelte ich hervor, dass meine Familie und ich die absoluten Turkey-Liebhaber seien und praktisch die Turkey-Spezialisten von ganz Bayern. Das sei eine einmalige Chance für ihn! Wenn er wolle, könne er sich für eine potenzielle Sendung an meiner ganzen Familie bedienen, sie alle würden es lieben, den Zuschauern zu beweisen, wie einzigartig dieser Turkeymaker war.

So schnell, wie ich als Tornado hineingefegt war, schoss ich wieder hinaus und rief sofort meine Mutter an. Begeistert erzählte ich ihr von meiner Entdeckung und fragte sie, ob sie Lust hätte, in Sachen Turkeymaker mit mir auf Sendung zu gehen. Nachdem sie sich von ihrem Lachkrampf erholt hatte, fing sie sofort an, von diesem Küchenutensil, das sie ebenfalls aus Amerika kannte, zu schwärmen. Sie musste keine Sekunde überlegen, bevor sie zusagte: »Of course darling! We will sell the Turkeymaker.« War klar, dass sie mit mir den Turkeymaker verkaufen würde, denn Sie müssen wissen, meine Mutter ist äußerst spontan. Wenn ich sie fragen würde: »Mom, fahren wir nach Paris?«, würde sie antworten: »Judith, ich sitze schon im Auto.« So kam es also, dass meine Mutter und ich mit zwei riesigen Einkaufswägen voller Geflügel,

Kräuter, Ölen und anderen feinen Zutaten durch die Tür von HSE24 rollten und mit der Zubereitung von zwölf Hühnern und fünf überdimensional großen Truthähnen begannen. Es herrschte kreatives Williams-Chaos, und der Duft zog durch alle Etagen des Senders, woraufhin ständig irgendein Mitarbeiter die Nase neugierig hereinstreckte und wissen wollte, was wir da taten. Ich erklärte stolz lächelnd, dass wir eine Turkey-Präsentation vorbereiteten und der Tag heute besser als Thanksgiving sei. Der Moderator kündigte uns an, und meine Mutter und ich liefen sofort auf Hochtouren. So sehr, dass schon bald eingeblendet wurde: AUSVERKAUFT! Von da an hatte ich meinen Platz gefunden. Ich war ab sofort die Feuerwehr für nicht verkaufbare Produkte, die wie vergessene Spielzeuge aussortiert worden waren. Weil mir diese Produkte, die wie ausrangierte Puppen in der Ecke lagen, leidtaten, kümmerte ich mich einfach um sie! Die Geschichte des Turkeymakers habe ich Ihnen deshalb erzählt, weil sie für eine weitere, wichtige Säule des Erfolgs steht: Pack jede Chance und sei immer willens zu zeigen, was du kannst!

Mein nächster Schritt Richtung Glücklichsein im Job war eine Sendung, die sich »Parfumgalerie« nannte. In den USA wurde bereits seit längerer Zeit Parfum im Verkaufsfernsehen angepriesen, doch hier in Deutschland war dies noch nicht der Fall. Als ich von dem Vorhaben hörte, dachte ich zuerst: Das war ja so, als würde man versuchen, einem Eskimo einen Gefrierschrank zu verkaufen. Schließlich konnte der Zuschauer ja nichts riechen und somit überhaupt nicht verstehen, um welches Produkt es sich genau handelte. Doch da ich einerseits Parfum und andererseits die Herausforderung liebte, wollte ich an diesem Experiment maßgeblich teilhaben und sagte sofort zu, als man mir anbot, die neue Sendung zu moderieren. Man stellte mir den Parfümeur unserer Produkte vor, Frédéric Haldimann, einen Franko-Schweizer, der schon seit fünfundvierzig Jahren die Welt bereiste und für Firmen wie Kenzo oder Dior Düfte kreiert hatte. Als ich diesen beeindruckenden Mann kennenlernte, hyperventilierte ich fast vor Aufregung. Ich hing an seinen Lippen, während er mit Fachbegriffen wie Kopfnote, Basisnote oder Agrumen um sich schmiss (ich kannte nur Agrarwirtschaft), und obwohl ich bloß die Hälfte von dem verstand, was er da mit seinem wunderbaren französischen Akzent erzählte, traute ich mich nicht, weiter nachzufragen, um diesen wunderbar poetischen Moment nicht zu zerstören. Obwohl noch kein Duft versprüht worden war, hatte ich das Gefühl, der Raum stand in voller Blüte. Er war durch Haldimann in eine ganz besondere Aura gehüllt und fühlte sich so süß wie Honig an. Beseelt fuhr ich nach Hause, und mir wurde eins bewusst: Um diesem Mann und diesem Produkt gerecht zu werden, musste ich mich tiefgehender mit der Materie beschäftigen. Also hastete ich sofort in die größte Buchhandlung und deckte mich mit Büchern über Parfum ein, ohne sie zu kaufen. Schließlich konnte ich nicht fünfhundert Euro für Bücher ausgeben, dachte ich verzweifelt, setzte mich in einen Lesesessel und arbeitete ein Buch nach dem anderen durch. Noch heute würde ich die Buchhändler gern dafür küssen, dass sie das zugelassen und mich nicht rausgeschmissen haben.

Vor der ersten Sendung war ich so aufgeregt, dass ich ständig auf die Toilette rennen musste, und als ich endlich mit Frédéric Haldimann im Studio stand, stellte ich entsetzt fest, dass ich auf ihn hinabschauen konnte. In seinem sonst so freundlich dreinblickenden Gesicht kräuselten sich die Augenbrauen, und ich erkannte seinen Unmut, dass er kleiner war als ich. In Windeseile rannte ich in den zweiten Stock, tauschte meine High Heels gegen flache Schuhe, rannte den ganzen Weg wieder zurück ins Studio und hörte gerade noch, wie der Aufnahmeleiter schrie: »Judith, wir steigen ein.« Fünf Sekunden hatte ich noch, um meinen Atem zu beruhigen, dann wurde schon heruntergezählt: fünf, vier, drei, zwei, eins! Mit Schwung begaben wir uns in die leidenschaftliche Welt des Parfums. Mit seiner unwiderstehlichen, charmanten Art, seinem hinreißenden Akzent und der Fähigkeit, seine Zuhörer und Zuschauer mit in eine andere Welt zu nehmen, schaffte Frédéric Haldimann es, dass auch ich mich allmählich entspannte. Und gemeinsam bekamen wir es hin, dass sich Eskimos doch noch für Gefrierschränke interessierten – denn die »Parfumgalerie« entwickelte sich innerhalb eines Jahres zu einem absoluten Verkaufsschlager! Frédéric Haldimann war ab sofort mein Highlight des Monats.

Zu der damaligen Zeit gab es eine wunderbare und

sehr engagierte Moderatorentrainerin, die uns Moderatoren mit Humor und Kompetenz bei der Stange hielt: Frau Lichti. Ihr Lieblingssatz war: »Frau Williams, ich habe etwas ganz Besonderes für Sie. Ich schmeiße Ihnen einen Stein in den Garten.« Bis zum heutigen Tag weiß ich nicht, was sie eigentlich damit sagen wollte, und da ich ihre Metapher nicht verstand, nannte ich sie spaßeshalber gern auch Frau Dunkli. Eines Tages nahm sie mich mal wieder beiseite: »Frau Williams, heute ist Ihr Glückstag! Ich habe Sie auserkoren und werde Sie ab sofort coachen!« Oh, dachte ich erfreut, ein Coaching hatte ich lange nicht mehr. Hochmotiviert fuhr ich zu meiner Arbeitsstätte und stellte fest, dass sie sich ausgerechnet meine heißgeliebte »Parfumgalerie« als Sendereview ausgesucht hatte. Wir schauten uns gemeinsam den Anfang einer Sendung an, und sie erklärte mir daraufhin, dass ich nicht die typische Moderatorin sei. Ihre Worte machten mich stutzig, und ich erkundigte mich irritiert, was sie damit meinte. Da erklärte mir Frau Lichti, ich solle mir die Sendung doch einfach mal selbst anschauen und mir ein Bild von mir selbst machen. Das tat ich und hatte kurz darauf Schweißperlen auf der Stirn. Haben Sie sich jemals selbst gefilmt in Aktion gesehen? Das ist das Erschütterndste überhaupt – nie kommt man sich fremder vor als in solchen Momenten. Meine Stimme, mein Aussehen, mein Auftreten, am schlimmsten aber war meine Frisur, die mir bis heute das größte Kopfzerbrechen bereitet. Immer stand irgendwo ein schwarzes Haar vor dem hellen Hintergrund ab. Alles an mir kam mir völlig affektiert vor, besonders, wie meine Stimme ständig modulierte. Dabei runzelte ich meine Stirn wie eine alte Hexe und kicherte gleichzeitig wie eine Wahnsinnige – es war grauenhaft, mich so zu sehen. Frau Lichti drückte es vorsichtiger aus: Ob ich nicht auch fände, dass ich etwas zu freundlich sei. Freundlichkeit könne nämlich ganz schön langweilig sein. Sie fand, dass ich meinen Gästen viel zu sehr entgegenkäme und viel zu wenig nachfrage. Denn gerade das Nachfragen führe dazu, dass sich der potenzielle Kunde mit mir identifizieren könne und das Gefühl habe, ich sei auf seiner Seite. Frau Lichti insistierte: »Fragen Sie doch mal kritisch nach!« In ihren Augen sorgten Nachfragen für Zweifel und Zweifel wiederum für Spannung, woran es in meinen Sendungen offensichtlich fehlte. Wenn mir also beispielsweise eine Kette aus Gold präsentiert werde, solle ich kritisch hinterfragen, ob sie wirklich aus Gold sei und was das Material Gold eigentlich so besonders mache.

Frau Lichti blickte mir tief in die Augen und sagte mit warmer, aber bestimmter Stimme: »Liebe Frau Williams, geben Sie sich doch mal einen Ruck. Versuchen Sie mal, kritisch nachzufragen, um etwas mehr Spannung zu erzeugen. Hauen Sie damit Ihre Kunden vom Hocker. Die Frauen müssen aus der Küche ins Wohnzimmer flitzen, weil sie es vor Spannung, was als Nächstes in Ihrer Sendung passiert, kaum aushalten. Trauen Sie sich mal, alles anders zu machen. Und seien Sie nicht immer so lieb.« Es entstand eine Schweigepause, wir blickten einander an, und ich entnahm ihrem Blick, dass es keinen Ausweg für mich gab. Hastig machte sie mir in ihrer mütterlich bestimmten Art Mut: »Husch, husch, los, los, gleich beginnt die Sendung. Jetzt können Sie alles umsetzen, was Sie eben gelernt haben. Keine Angst, ich schreibe mit und werde alles festhalten.« Entsetzt von dem, was vor mir lag, raffte ich mich auf, schleppte mich in die Garderobe und griff nach der grellsten Farbe, die ich auf meiner Kleiderstange finden konnte, um mir quasi für das vor mir Liegende Mut anzutrinken. Um betrunken von der Farbe zu sein.

Ausgerechnet an diesem Tag hatte der französische Parfümeur eine neue Kreation dabei: »Mon amour«, den Duft der Liebe! Ich versicherte Herrn Haldimann im Vorgespräch, dass sein neues Parfum ein weiterer Verkaufsschlager werden würde, er solle mich nur machen lassen. Haldimann lächelte mich selig an: »Isch vertraue dir immer, isch bin in deine Hände wie eine samtiger Tiger!« Ich eröffnete die Sendung also im großen Überschwang: »Meine sehr verehrten Damen und Herren, die schönste Emotion der Welt ist die Emotion, die Männer zu Helden macht und Frauen zu Göttinnen. Es ist die Liebe! Stellen Sie sich vor, wir könnten die Liebe in einem Flakon festhalten und immer dann ihre Magie versprühen, wenn wir sie brauchen. Genau dies ist ab sofort möglich, da wir das große Glück haben, einen der weltbesten Parfümeure an unserer Seite zu wissen: Frédéric Haldimann! Mon cher Frédéric, du hast den Duft der Liebe kreiert. ›Mon amour!‹ Was ist es, an diesem Duft, das die Männer dahinschmelzen und die Blüte der Frau wiedererwachen lässt?« Als Haldimann gerade sinnlich ausführte, dass sein »Duft von die Liebe sämtlische Frauenerzen öher schlagen und Männer zu Matadores werden lasst«, unterbrach ich ihn in Erinnerung an die noch nachhallenden Worte von Frau Lichti, kritisch nachzufragen, und wollte wissen: »Aber lieber Frédéric, was hast du in dieses Parfum gemixt, dass es uns Frauen und auch die Männer so unglaublich verzückt?« Sein Lächeln, das vorher noch dem eines Honigkuchenpferds geglichen hatte, wurde leicht verzweifelt, und er wich aus: »Eine bisschen von de Ros, eine bisschen von de Lilie, eine bisschen Vertivert ...« Ha, dachte ich, so lasse ich ihn nicht davonkommen, jetzt wird's spannend! Schließlich soll ich kritisch nachfragen und damit darf ich mich nicht zufriedengeben. Also sprühte ich mich wild mit dem Parfum ein, dachte dabei an die strenge Frau Lichti, wie stolz sie auf mich sein würde, und bohrte noch einmal eindringlich nach: »Was genau ist in diesem Parfum?« Unglücklich wand sich der Parfümeur und schmückte hastig aus: »Die wunderbare Blume, un peu d' oranges de blossom, eine bisschen Hyazinthe ...« Ich blickte ihn herausfordernd an und bestand darauf, dass das allein doch die Männer nicht zu Toreros werden lasse, woraufhin Haldimanns Gesichtsausdruck immer verzweifelter wurde. Trotzdem fragte ich weiter und weiter in der Absicht, alles richtig zu machen, und bat ihn, das wahre Geheimnis des Parfums endlich zu lüften. In seinem Blick stand pures Entsetzen, eine dicke Schweißperle bildete sich auf der Stirn. Zwischen seinen zitternden Lippen presste er mit letzter Kraft hervor: »Ma chère Judith, es ist vielleicht die Ombre.« – »Die Ombre«, rief ich verzückt und dachte gleichzeitig: Um Himmels willen, was zum Teufel war bloß »die Ombre«? Dann erinnerte ich mich daran, dass ich genau die Fragen stellen sollte, die dem Zuschauer auf den Lippen lagen, also durfte ich ja wohl zugeben, dass ich keine Ahnung hatte, was »die Ombre« war. Daher fragte ich Frédéric Haldimann danach: »Frédéric, lass es raus, verrate es uns! Was ist ›die Ombre‹? Eine zarte Wiesenpflanze vielleicht?« Frédérics Pupillen wurden groß und größer, seine Verärgerung war ihm langsam anzusehen, dann erklärte er, dass die Ombre aus dem Meer komme. Ich zeigte mich kurz erleichtert: »Aha, eine bezaubernde Wasserpflanze also?«, doch Haldimann erklärte daraufhin nur knapp, die Ombre komme tief aus dem Meer. Als ich nun eine außergewöhnliche Alge hinter der Ombre vermutete, und Haldimann unglücklich den Kopf schüttelte, schielte ich verzweifelt auf die Uhr: Es waren schon zehn Minuten vorbei, und wir diskutierten immer noch über dasselbe Thema! In dem Augenblick platzte es erschöpft aus Haldimann heraus, und er wollte wissen, ob ich denn nicht die Pötte kenne. Jetzt war ich endgültig nass geschwitzt … Die Pötte? Was war denn jetzt die Pötte? Noch nie hatte ich davon gehört! Kleinlaut erwiderte ich: »Mon cher Frederic, bitte verzeih und hilf mir: Was ist nur die kostbare Pötte?« Haldimann blickte mich stirnrunzelnd an und wollte wissen, ob ich niemals die Geschichte über die große Pötte und den großen Jona gehört hätte? Da fiel es mir wie Schuppen von den Augen, und ich stellte erleichtert fest, dass er also die Pottwale meinte. »Mon cher Frédéric, naturellement, die Geschichte von Jona und dem Wal kenne ich selbstverständlich.« Er holte tief Luft und sagte mit strenger Stimme: »Jüdith, wenn die Pötte sich ergözen an die Meer, dann hast du die Ombre.« Glücklich an meinem Ziel, endlich eine Antwort auf mein kritisches Nachfragen zu erhalten, lächelte ich in die Kamera: »Liebe Zuschauer, wie wunderbar! Der Wal springt anmutig in die Luft und ergötzt sich am Meer.« Ein spitzes »Nein« von Frédéric Haldimann unterbrach die Idylle des springenden Walfisches. »De Pötte erkötze sich an die Meer, dann hast du die Ombre!« Danach Silentium. Es war Totenstille im Studio. Ich hob meinen Kopf, um in die Kamera zu blicken, und stellte fest, dass sich mittlerweile Leute um uns versammelt hatten, die sich das Elend fassungslos anschauen wollten. Und in dem Moment wurde mir verzweifelt bewusst, was er mir die ganze Zeit hatte sagen wollen: Die Pottwale kotzen ins Meer und das, was dabei entsteht, nennt sich Ambra – es wurde früher als Aphrodisiakum genutzt. Während mir die Kinnlade runterfiel, sprach der Producer der Sendung bereits in mein Earpiece und sagte: »Glückwunsch, Judith, in zehn Minuten null Stück verkauft. Was zum Teufel hast du heute genommen?« Natürlich verkauften wir auch für den Rest der Sendung so gut wie keines der Parfums – wer will sich schon mit Walkotze einsprühen? Und trotzdem hatte mein legendäres »Pötte-Erlebnis« seinen Zweck erfüllt, indem es eine weitere, unerlässliche Regel des Erfolgs aufzeigte: Vertrau auf deine Intuition!

Meine Praline, mein Filetstück der Arbeitswelt hatte ich zerstört. In tiefer Trauer und mit Entsetzen vor dem, was ich angerichtet hatte, ging ich nach der Sendung zu Frau Lichti und wollte verzweifelt wissen, ob sie gesehen habe, wie ich mich, Frédéric Haldimann und sein Produkt völlig blamiert hatte. Sie sagte in ihrer so unnachahmlichen Art: »Ach, Frau Williams, ich hatte so ein wichtiges Meeting, ich konnte mir Ihren Erfolg gar nicht ansehen.« Es war also alles für die Katz oder besser gesagt Kotz.

In den darauffolgenden Tagen, in denen ich immer wieder meine missglückte Sendung Revue passieren ließ, wurde mir klar, dass ich ganz allein auf mich und mein Bauchgefühl hören musste. Keine noch so hoch dotierte Person würde mir jemals sagen können, wer ich bin, wie mein Weg verlaufen musste oder wie genau ich ihn gehen sollte. Denn das herauszufinden, ist eine unserer ganz eigenen Lebensaufgaben. Trotzdem bin ich Frau Lichti bis heute dankbar, denn ohne sie hätte ich vielleicht nie erkannt, wie wichtig es ist, auf seine Intuition zu hören. Von da an ging ich meinen ganz eigenen Weg und bei HSE24 hieß es immer: Judith Williams kann man eh nicht in eine Kiste stecken, aber was soll's, sie ist damit erfolgreich und schadet niemandem.

Und so rief mich eines Tages einer der Sendermanager zu sich, um mir zu erklären, er habe mich beobachtet. Er fände, ich hätte einen interessanten Weg hinter mir und würde mit sehr viel Liebe und Leidenschaft bei HSE24 arbeiten – deshalb wolle er mir etwas vorschlagen. Mittlerweile ging ich viel leichter mit so etwas um. Offen und völlig unvoreingenommen erschien ich zu dem anberaumten Termin – ohne etwas Großartiges zu erwarten. Völlig überraschend wurde mir ein eigenes Schmuckformat angeboten – und zwar mit meiner Mutter zusammen. Dem Sendermanager hatte unsere Turkeymaker-Sendung so gut gefallen, dass er uns im Doppelpack wiedersehen wollte. Ich war komplett überwältigt, sagte überglücklich zu und dachte: Natürlich, ich musste nicht mein ganzes Umfeld überzeugen, es brauchte lediglich eine einzige Person, die an mich glaubte! Da ich Schmuck schon immer liebte und mir häufig sogar eigene Stücke auf Wunsch anfertigen ließ, kannte ich mich in dem Bereich einigermaßen gut aus. Und meine Mutter sagte natürlich auf die Frage, ob sie dabei sei, sofort: »Judith, ich sitze schon im Auto.« Die Sendung hieß »Schmuck für Generationen«, war ein absolutes Highlight und lief über Jahre hinweg sehr erfolgreich, bis sich meine Mutter nicht mehr fit genug dazu fühlte und nicht mehr weitermachen wollte.

Zu einem Zeitpunkt, als die Sendung inzwischen seit einer Weile erfolgreich lief, wollte ich mal wieder etwas Besonderes kreieren und dachte, dass in »Schmuck für Generationen« mal wieder Pfeffer rein müsse. Ich kam auf die Idee, eine Sondersendung mit dem Thema »Opern und Schmuck« ins Leben zu rufen, bei der die einzelnen Schmuckstücke nach Opern und deren Figuren benannt wurden. Da mein Vater Opernsänger war, dachte ich, es sei eine wunderbare Idee, ihn als Gast einzuladen und von den großen Bühnen dieser Welt erzählen zu lassen. Was mit meiner Mutter geklappt hatte, würde sicher genauso mit meinem Vater klappen. In meinem jugendlichen Leichtsinn schleppte ich meinen Vater also vor die Kamera – ohne daran zu denken, dass ich ihn damit einer enormen Stresssituation ausliefern würde. Leider hatte ich nur daran gedacht, wie ich mich profilieren konnte. Aber ich war jung, brauchte das Geld und beruhigte mich selbst: Komm, was kann schon passieren!

Begeistert begrüßte ich meinen Vater in der Sendung und moderierte ihn hochtrabend an: »Liebe Zuschauer, heute haben wir mit unserer Sendung über Schmuck und Opern etwas ganz Besonderes für Sie, denn mein Vater, der als Opernsänger die Welt bereist und auf den größten Bühnen gestanden hat, gibt uns die Ehre! Lieber Papa, du wirst uns einen Einblick in das künstlerische Schaffen geben und uns erklären, wie Schmuck und Opern heute eine künstlerische Einheit werden?« Mein Vater blickte starr und wie hypnotisiert aufs Rotlicht und presste mit seiner lauten, sonoren Stimme hervor: »Guten Tag.« Ich begann mit einem Schmuckstück der mächtigen Königin der Nacht und stellte meinem Vater die Frage: »Diese Frau spielt eine besondere Rolle in der Oper ›Die Zauberflöte‹. Was können wir von ihr in diesem Schmuckstück wiederfinden?« Daraufhin antwortete mein Vater: »Macht.« Das war's, mehr kam nicht. Auch nicht den Rest der Sendung über, denn jegliche Versuche, ihn zum Reden zu bringen, scheiterten. Als ich ihn am Ende fragte, ob er den Zuschauern zum Abschied noch etwas sagen wolle, brummte er nur: »Ja. Auf Wiedersehen.« Nachdem das Rotlicht aus war, traute ich mich kaum, ihn anzusprechen, weil ich wusste, dass er mit mir die vielleicht peinlichste Situation seines Lebens erlebt hatte. Wegen mir, seiner Tochter, und meiner unbändigen Art, die Dinge ständig neu erfinden zu müssen, war es so weit gekommen. Warum konnte ich nicht einmal zufrieden sein? Oje, der Ärmste, dachte ich mir, klopfte ihm auf die Schulter und sagte: »Papa, das war doch nicht schlecht.« Er schaute mich ungläubig an und antwortete: »Na ja, da ist wohl noch Luft nach oben.« Und ich verstand sofort, was er meinte. Mehr denn je wurde mir bewusst, dass jeder nur dort blühen kann, wo er sich wohlfühlt und wo er hingehört. Ich gehörte in dieses Studio, ich war dort angekommen – mein Vater aber hatte seinen Platz längst ganz woanders gefunden. Durch Ausprobieren und Scheitern würde jeder irgendwann das finden, was ihn erfüllt. Das Leben führt einen automatisch zu sich selbst. Und damit bin ich bei einer letzten, wichtigen Erfolgsregel: Nicht alles, was in deiner Vorstellung rosig ist, wird wirklich funktionieren. Es gibt auch Niederlagen.

Natürlich treffe ich immer wieder auf Leute, die belächeln, was ich tue. Unvergessen für mich die Hochzeit einer Freundin, bei der ich an einem Tisch mit einigen Münchener Geschäftsmännern samt Ehefrauen saß. Mit meinem Tischnachbarn habe ich mich nett unterhalten und irgendwann kam die Frage, was ich denn beruflich so mache. Ich erzählte, dass ich als Moderatorin bei einem Teleshopping-Sender arbeite, und der Hochzeitsgast blickte mich entsetzt an: »Wie, Sie sind also eine von denen, die im Fernsehen stehen, unfassbar viel quatschen und den Leuten Hausschuhe oder Bettwäsche verkaufen? Um Gottes willen, das ist ja fürchterlich! Ich kann gar nicht verstehen, wie man so was machen kann.« In nur einer Minute zerstörte er verbal gefühlt mein ganzes Leben, denn er hörte gar nicht mehr auf, sich über meinen Job auszulassen. Ich wollte das nicht auf mir sitzen lassen und bestand darauf, dass mir meine Arbeit Spaß mache. Ich erzählte ihm von meiner eigenen Parfumsendung, von den interessanten Menschen, mit denen ich zu tun hatte, von meiner Leidenschaft, die Zuschauer von etwas zu begeistern. Doch je mehr ich mich zu erklären versuchte, desto blöder fand er meinen Job. Bis ich irgendwann das Thema wechselte und ihn fragte, was er denn beruflich mache. Wie selbstverständlich antwortete er, er sei Genitaloperateur. Ich blickte ihn ungläubig an und wollte schon losprusten, weil ich dachte, er habe einen Witz gerissen. An seinem Blick sah ich aber, dass es sein voller Ernst war. Und nun begann er, sich zu verteidigen: »Ich bin dazu da, Schamlippen, die zu groß sind oder zu sehr hängen, zu verschönern.« Ich bekam einen Lachflash und konnte minutenlang nicht mehr damit aufhören. Ich lachte nicht über seinen Job, sondern über die Tatsache, dass er sich für den Nabel der Welt hielt. Dann fragte ich ihn: »Ist das Ihr Ernst? Sie amüsieren sich über meinen Job und selbst schnippeln Sie an Schamlippen herum?« Jetzt musste auch er schmunzeln, und wir hielten fest, dass jeder Job seine Berechtigung habe, solange man voll dahinterstehe. Die Talente eines Menschen liegen eben in völlig unterschiedlichen Bereichen. Beim einen im Verkaufen von Turkeymakern und beim anderen im absolut gerechtfertigten Reparieren von Schamlippen.

Wenn ich heute auf all die Jahre meiner Arbeit zurückschaue, stelle ich fest, wie viel die Kunst des guten Verkaufens mit der Kunst des Erfolgs gemeinsam hat. Die Mischung aus Überzeugungskraft, Empathie, innerem Glauben, positiver Herangehensweise und Kampfgeist ist für beide Bereiche von großer Bedeutung. Ein guter Verkäufer ist erfolgreich und jemand, der erfolgreich ist, ist gleichzeitig ein guter Verkäufer! Der große amerikanische Unternehmer Henry Ford sagte einmal: »Wenn es überhaupt ein Geheimnis des Erfolgs gibt, so besteht es in der Fähigkeit, sich auf den Standpunkt des anderen zu stellen und die Dinge ebenso von seiner Warte aus zu betrachten wie von unserer.« Und genau das tut ein guter Verkäufer auch!

Kapitel 4

Live your dream

… denn Träume sind zum Erfüllen da

Go, girl, go!

Als meine Tochter vor einiger Zeit beim Reitunterricht vom Pferd gefallen war und weinend vor mir stand, wollte ich ihr schon sagen: »Komm, Darling. Wir gehen nach Hause, und ich melde dich vom Reitunterricht ab.« Sie aber wischte sich kämpferisch die Tränen weg und schluchzte: »Mama, ich habe immer davon geträumt zu reiten. Wenn ich jetzt aufhöre, ist der ganze Traum kaputt.« Ich verstand, was sie meinte, und erkannte mich selbst in ihr wieder, deshalb lächelte ich sie an, rief ihr ein »Go, girl, go!« zu, und meine Tochter ritt stolz auf ihrem Pferd davon.

Auch ich hatte immer Träume, die in meinem Kopf herumschwirrten und die ich eines Tages Wirklichkeit werden lassen wollte. Und genauso wie meine Tochter kämpfte ich dafür, sie wahr werden zu lassen. Es heißt: Träume nicht dein Leben, sondern lebe deinen Traum, doch oft wird im selben Atemzug auch von verpassten Chancen gesprochen, die verstrichen sind, ohne sie genutzt zu haben. Ich würde viel lieber von geschaffenen Möglichkeiten erzählen, die in meinen Augen so unglaublich wichtig sind, um die eigenen Träume zu erfüllen. Denn tatenlos dazusitzen und darauf zu warten, dass der geeignete Augenblick kommen wird, ist vertane Zeit.

Es gibt einen Punkt im Leben, der alles verändert. Eine Schnittstelle, an der man entscheiden muss, welchen Weg man einschlägt – in der Hoffnung, den richtigen zu wählen. Für mich war es der Punkt, an dem ich mich beruflich nicht mehr weiterentwickeln konnte. Ich hatte alles moderiert von Schmuck über Kosmetik bis hin zu Haushaltsgeräten, mich mit ganzem Herzen und vollem Engagement in jedes einzelne Format fallen lassen und mich in jedes noch so kleine und unbedeutend wirkende Produkt hineingedacht. Meine Sendungen liefen toll, ich genoss die Anerkennung meiner Chefs und die aufrichtige Zuneigung vieler Zuschauer, und trotzdem hatte ich das Gefühl, noch einmal etwas verändern zu müssen. Es gibt eine Redewendung, die ich sehr mag: Stillstand ist Rückschritt. Und ja, genau so fühlte ich mich – als würde ich stillstehen.

Während meiner Moderationen über all die Jahre hinweg gab es eine Sache, die ich besonders gern verkaufte: Kosmetik. Diese Leidenschaft rührt sicherlich aus meiner Kindheit her, denn ich saß schon als kleines Mädchen liebend gern auf dem Schoß der Maskenbildner an den Orten, an denen mein Vater sang, und schaute gebannt dabei zu, wie sie die Pinsel schwangen, um die Stars des Abends zu verschönern. Mir fiel auf, dass sich die Künstler durch die Zuwendung veränderten. Durch das Streicheln, das Cremen, das Verschönern und die ein bis zwei Stunden in der Maske wurden aus ihnen Menschen, die plötzlich strahlten. Aus dem matten, müden, gehetzten Sänger, der vom Flughafen kam und nun Leistung bringen musste, wurde nach der Maskenzeit ein Held, der sich erhob und schreitend den Raum verließ. Und statt der erschöpften, gestressten Sängerin schwebte eine

Göttin aus der Maske. Diese Wandlung gab mir bereits damals zu denken – heute möchte ich sie kosmetische Liebkosungen nennen, denn dieses entspannte Wohlfühlen hat mit der Haut und ihrer Berührung zu tun. Die Haut ist mit eineinhalb bis zwei Quadratmetern unser größtes Sinnesorgan, über sie fühlen wir Hitze, Kälte, Druck und Zärtlichkeit. Kein Wunder, denn sie ist zugleich das zarteste unserer Organe. Berührungen bei Kosmetikbehandlungen und Massagen sind besonders gut zu spüren und bieten eine wunderbare Gelegenheit, sich mit dieser Form von Aufmerksamkeit selbst zu verwöhnen oder verwöhnen zu lassen. In einer hektischen Zeit, in der wir mehr aufs Smartphone schauen, als uns selbst zu betrachten – außer wir machen ein Selfie –, ist das eine reine Wohltat.

Mich faszinierte die Welt der Maskenbildner also von jeher. Schon damals klaute ich mir die Wimperntusche meiner Mutter, um anschließend geschminkt in die Schule zu gehen. Das ging drei Tage gut, dann schaute mich mein Lehrer empört an und wollte wissen: »Sag mal, was hast du denn für verschmierte Augen? Das geht ja überhaupt nicht!« Er rief meine Mutter an und forderte sie dazu auf, mir das Schminken zu verbieten, schließlich war ich gerade mal in der zweiten Klasse. Meine Mutter seufzte: »Sagen Sie das mal meiner Tochter. Ich versuche es seit drei Tagen, aber sie hört nicht auf mich.« Mit Engelszungen brachte sie mich dazu, die Wimperntusche wieder herauszurücken, was meiner Liebe zur Kosmetik allerdings keinen

Abbruch tat. Als Teenager verbrachte ich ganze Stunden in Kosmetikabteilungen, um mich mit Proben, Tiegeln und Düften einzudecken. Das hält bis heute an – meine Badezimmerschränke platzen aus allen Nähten, und mit meiner Lippenstiftsammlung könnte ich ein Museum eröffnen.

Kosmetiksendungen waren also auch bei HSE24 mein absolutes Highlight. Leidenschaftlich interessierte ich mich für die Inhaltsstoffe, die Wirkung des Produkts, die Herstellungsweise und die Firma, die dahinterstand. Für jede Marke legte ich mich so ins Zeug, als wäre sie mein eigenes Baby. Ich wollte, dass die Kosmetik ihren Weg zu den Menschen fand, die sie nutzten, liebten und zu schätzen wussten. Meist mit Erfolg – sodass mir klar wurde, dass ich instinktiv etwas richtig gemacht hatte und offensichtlich eine Gabe besaß, mit der ich anderen Menschen zum Erfolg verhelfen konnte. Woraufhin ich grübelte: Mensch, warum investiere ich eigentlich ständig in andere und nicht in mich selbst?

Investiere in dich selbst! – ein so wichtiger Satz, den wir alle manchmal nicht wirklich berücksichtigen. Wie oft lassen wir uns durch Themen ablenken, die im Sande verlaufen. Letztendlich trägt aber alles, was wir in uns tragen, alles, was wir sind, und alles, was wir in diesem Leben lernen, dazu bei, sich selbst und damit andere innerlich zu bereichern oder zu erfüllen. Die Investition in sich selbst ist als Unternehmer essenziell – allen voran die Investition in Zeit. Es tut so gut, die Augen zu schließen und sich seine Zukunft auszumalen. Wo führt mich meine Seele oder mein Bauchgefühl hin? Was möchte ich persönlich wie beruflich noch erreichen?

Als ich mir selbst diese Fragen stellte, wurde mir klar, dass ich den nächsten Schritt gehen musste. Ich wollte eine eigene Welt von wunderbar duftenden Lotionen, Cremes und Düften kreieren, ich wollte mit einem eigenen Team das entwickeln, was mein Herz mir sagte. Vorerst war das einfach nur ein schöner Gedanke, doch nun galt es, die Punkte zu notieren, mit denen ich Schritt für Schritt an dieses Ziel gelangen konnte. Der Entschluss war gefasst: Ich brannte für meine Selbstständigkeit! Sofort ging ich nach Hause und bastelte mir ein Vision Board, auf dem ich in einer Art Collage meine Ziele, Träume und persönlichen Glaubenssätze festhielt. Durch die Visualisierung wurde mein Vorhaben greifbarer und realer, sodass ich gestärkt auf die Arbeit blicken konnte, die vor mir lag.

Mir war bewusst, dass ich ab sofort sehr viel lernen musste. Ich begann, mich mit den notwendigen Fakten zu beschäftigen: Ich würde eine GmbH gründen müssen und die richtigen Partner an meiner Seite benötigen, die mich unterstützen und gemeinsam mit mir die richtigen Entscheidungen treffen würden. Also kaufte ich mir Bücher zu diesem Thema und las mich ein. Tagelang, nächtelang, bis ich Bescheid wusste, welche Verantwortung man als Geschäftsführerin einer GmbH zu tragen hatte und wie man eine Bilanz erstellte. Dann rief ich meinen Steuerberater an und erklärte etwas unsicher: »Ich möchte eine Firma gründen und bräuchte

Ihre Hilfe.« Und so setzten wir uns zusammen, Stunden über Stunden, bis ich das Gefühl hatte, mein Kopf würde gleich anfangen zu rauchen. Auch wenn ich mir Schöneres hätte vorstellen können, als über dieses trockene Thema zu recherchieren – so etwas sind die notwendigen Übungen vor einer großen Herausforderung. Und selbst wenn sie einem keinen Spaß machen, kann man sich einfach einreden, dass man unglaubliche Freude daran hat. Sie glauben gar nicht, was man allein durch Vorstellungskraft erreichen kann. Da halte ich es ganz mit Albert Einstein, der einmal sagte: »Deine Logik bringt dich von A nach B, deine Vorstellungskraft bringt dich überallhin.«

Jetzt wird's ernst

Meine Vorstellungskraft brachte mich zwar dazu, mich als zukünftige Besitzerin einer eigenen Kosmetiklinie zu sehen – aber bei aller Liebe zur Kosmetik fehlte mir irgendwie noch eine erfahrene Persönlichkeit an der Seite, die über fundiertes Wissen verfügte. Und so verabredete ich mich mit der HSE-Einkäuferin Maica Abad Calvo und verkündete: »Du, ich würde gerne langfristig eine eigene Kosmetiklinie aufbauen.« Obwohl es nur eine erste Idee war, stieß ich bei ihr damit tatsächlich auf Begeisterung. »Das finde ich super, Judith!«, strahlte Maica mich an, schob dann jedoch etwas ernster hinterher: »Einfach wird das bestimmt nicht. Wir brauchen dich als Moderatorin auf den anderen Formaten, und wenn wir dich da wegen deiner eigenen Kosmetiklinie abziehen, kannst du die anderen Produkte nicht mehr so erfolgreich verkaufen. Das ist echt ein Problem!« Natürlich wollte ich ihr klarmachen, wie groß und bedeutend dieser Wunsch für mich war, und versuchte sie zu überzeugen: »Maica, für mich ist die Entscheidung im Grunde gefallen. Ich brauche eine Veränderung und möchte etwas Einzigartiges kreieren.« Woraufhin Maica entschlossen nickte: »Okay, ich unterstütze dich. Aber die Geschäftsführung wirst du trotzdem noch überzeugen müssen.« Bis heute bin ich dieser tollen Frau dankbar, dass sie meine Idee nicht abgetan, sondern mich stattdessen ermutigt hat. Durch ihre positive Einstellung bestätigte sie mich in meinem Vorhaben. Ich erklärte ihr, dass ich einen Lieferanten suchen würde, der mich bei meinem Vorhaben mit seinen Fachkenntnissen unterstützen konnte. Ich begann mit der Recherche und stellte fest, dass sich die Herangehensweise der Lieferanten voneinander unterschied. Die meisten von ihnen wollten mir fertige Produkte vorsetzen – darum ging es mir aber überhaupt nicht. Ich wollte nicht nur meinen Namen auf dem Etikett sehen, das war mir zu wenig! Vielmehr wollte ich beim Entstehungsprozess dabei sein und Menschen miteinander verbinden, die dann gemeinsam mit mir als Team an dem Projekt arbeiten würden.

Durch meine berufliche Erfahrung mit Kosmetik kannte ich natürlich viele Lieferanten aus der Branche, und ich hätte einen nach dem anderen ansprechen können. Doch mir kam es auf eines ganz besonders an: nämlich darauf, dass wir gut zueinanderpassten. Und so fiel meine Wahl schnell auf Roland Kohl, dessen Biokosmetik- und Parfumlinie ich lange Zeit sehr erfolgreich bei HSE24 verkauft hatte. Wobei ich ihn nicht nur menschlich schätzte, auch fachlich war und ist er ein Hit. Er war über zwanzig Jahre international in der Führungsriege von Schwarzkopf tätig gewesen und dadurch ein alter Hase in der Kosmetikbranche. Seine Produkte überzeugten durch eine außergewöhnliche Qualität – eine Qualität, die ich ebenfalls für meine eigene Linie haben wollte. Ich erzählte ihm von meinem Vorhaben, und er war begeistert: »Judith, was für eine tolle Idee! Schreib ein Konzept, sprich mit HSE, und wenn du mich überzeugen kannst, bin ich dabei!« Ups, dachte ich etwas ungläubig, jetzt ging es also los, viel schneller als gedacht. Wenn ich schon damals gewusst hätte, dass in den Vorständen großer Gremien zu sechsundsiebzig Prozent Männer sitzen und dass von den mehr als sieben Millionen Führungskräften in der EU wiederum fünfundsechzig Prozent Männer sind, während die Frauen hinten runterfallen, hätte mich das sicher noch stärker angespornt. Aber auch so stürzte ich mich weiter in die Verwirklichung meines Traums und ging konzentriert Schritt für Schritt in Richtung Selbstständigkeit.

Entschlossen nahm ich mir eine Auszeit und flog zu meiner Schwester, die in Chicago lebt. Dort zog ich mich zurück und schrieb konzentriert an einem Konzept, in das ich all mein Wissen und meine Vorstellungen über eine gute Kosmetiklinie reinpackte. Meine Schwester, die mich Tag und Nacht am Schreibtisch sitzen sah, steckte immer wieder besorgt den Kopf zur Tür herein: »Willst du nicht mal eine Pause machen?« Ich schüttelte den Kopf und arbeitete weiter, berauscht von der Aussicht auf meine eigene Kosmetiklinie. Pausen? Wer brauchte schon Pausen!

Als ich mit meinen Aufzeichnungen zufrieden war, flog ich zurück nach Deutschland und stattete der Geschäftsführung mit meinem Konzept unter dem Arm einen Besuch ab. Ich informierte sie über mein Vorhaben und erklärte nun schon wesentlich selbstbewusster: »Das ist mein Plan, und ich kann die Kosmetiklinie über HSE24 verkaufen oder woanders. Ihnen würde ich aber gern den Vortritt lassen.« Die Geschäftsführer waren sehr angetan von der Idee, die einzige Frau unter den Anwesenden hingegen war – so mein Eindruck – überhaupt nicht begeistert. An dem Tag, als ich den Vertrag unterschrieb, meinte sie noch zu mir, dass wenn es nach ihr ginge, das hier heute nicht stattfinden würde. Und ich dachte: Wie schade, dass ausgerechnet die einzige Frau in der Runde den Schritt einer Frau in die Selbstständigkeit verhindern will. Da ich aber nicht mit einem Feind an Bord in meine Selbstständigkeit schippern wollte, bemühte ich mich um eine demütige Antwort: »Ja, ich weiß das. Und umso dankbarer bin ich, dass wir beide das gemeinsam angehen werden.« Ich halte es gern mit dem Spruch: Kill them with kindness – Kill sie mit Freundlichkeit –, denn schnippische Antworten bringen einen nie weiter.

Nun begann die aufregendste Zeit meines Lebens:

Roland Kohl und ich fuhren ins Labor zu einer Gruppe von Wissenschaftlern, denen ich mein Konzept vorstellte. Mir war es sehr wichtig, von Chemikern, Kosmetologen und Dermatologen eine Bestätigung zu bekommen, denn ich wollte mit dem, was ich plante, unbedingt überzeugen. Es sollte kein halbherziger Versuch werden, sondern ein fundiertes und durchdachtes Projekt. Die Wissenschaftler begutachteten mein Konzept und befanden es – Gott, war ich froh – für gut durchdacht. Mit dieser Bestätigung in der Tasche fühlten wir uns bereit für den Startschuss, sodass wir kurz darauf in Produktion gingen. Roland und ich bildeten dabei ein perfektes Managementteam, denn wir ergänzten uns wunderbar: Während seine Stärke darin lag, geeignete Mitarbeiter für das Projekt zu gewinnen, sie einzustellen und zu führen, konzentrierte ich mich zunächst auf die kreative Seite – die Entwicklung unserer ersten beiden Kosmetiklinien »Phytomineral« und »Long Life Beauty«, eine Reihe für reifere Haut. Wir suchten nach geeigneten Laboratorien, die für uns entwickeln konnten, wir verfeinerten unsere Rezepturen, testeten, prüften und perfektionierten. Wir flogen auf die größte Kosmetikmesse der Welt nach Hongkong und suchten dort nach geeigneten Verpackungen, nach Wirkstoffen, Maschinenherstellern und Produktideen – inmitten der Kosmetikhersteller aus aller Welt. Alles war so aufregend, so ungewöhnlich, so bedeutsam für mich, und ich war unendlich froh, Roland an meiner Seite zu haben. Als wir, in Hongkong angekommen, ins Taxi stiegen, ließ der Fahrer eine chinesische

Schimpftirade los: »Haioschiowatschodiohi!« Erschreckt sah ich Roland an und fragte ihn leicht eingeschüchtert: »O Gott, sollen wir wieder aussteigen? Der hat uns beschimpft!« Roland aber prustete los: »Nein, nein, alles in Ordnung. Die Chinesen hören sich immer so an. Er hat uns ganz normal begrüßt.« Erleichtert lächelte ich Roland zu und dachte: Ach, ist das aufregend. Andere Länder, andere Sitten – und ich mittendrin.«

Die nächsten zwölf Monate waren von zahlreichen Meetings, Reisen, Abstimmungen und Besprechungen bestimmt. Alles musste perfekt koordiniert und organisiert werden, nichts war zu dieser Zeit wichtiger als unser gemeinsames Projekt. Schließlich kam der Tag, an dem das fertige Produkt vor uns auf dem Tisch stand. Es war Gänsehautfeeling pur! Die zwölf Produkte zum Leben erweckt vor mir zu sehen, machte mir bewusst, welchen Schritt ich eigentlich gegangen war, und mir wurde klar: Das kann jetzt auch ein Flop werden. Aber dann hast du alles gegeben und kannst dir nie vorwerfen, nicht versucht zu haben, deinen Traum zu verwirklichen. Live your dream! Ein Satz, den ich gern jedem zurufen würde, der sich nicht traut, den letzten, entscheidenden Schritt aus der Komfortzone zu wagen. Mehr als scheitern kann man nicht. So what! Wenn es schiefgeht, dann richtet man sich auf, passt sich an und sucht eine neue Herangehensweise. Kinder fallen beim Laufenlernen tausendmal hin. Wie wäre es, wenn sie nach dem ersten Mal sagen würden: »Ach, Laufen ist nichts für mich. Das lasse ich jetzt lieber.«

Der magischste Moment im Zuge meiner Selbstständigkeit war die erste Sendung, denn uns war klar, dass diese über Erfolg oder Misserfolg entscheiden würde. Kurz davor war ich so aufgeregt, dass ich hoffte, es nicht zu vermasseln. Die erste halbe Stunde war ich tatsächlich extrem angespannt, doch als ich irgendwann zur Seite blickte, sah ich zu meinem Erstaunen meine Schwester Elizabeth im Studio stehen. Das war sehr ungewöhnlich, denn sie lebte ja in Chicago. Aber – wie sie mir danach sagte – wollte sie mich überraschen und mir in diesem besonderen Moment meines Lebens, der einen Umbruch bedeutete, zur Seite stehen. Diesen außergewöhnlichen Augenblick werde ich nie vergessen, er hat mir sehr viel bedeutet. Mit ihrer bloßen Anwesenheit gab Elizabeth mir so viel Energie und Selbstvertrauen, dass der Rest der Sendung wie im Flug verging. Endlich schaffte ich es, meine Aufregung abzuschütteln und mich auf mein Produkt zu konzentrieren. Und den Zuschauern schien es tatsächlich zu gefallen, denn wir waren innerhalb kurzer Zeit ausverkauft! Die Einführung unserer Produkte war der erfolgreichste Launch in der Geschichte des Teleshoppings. Das war mehr, als wir jemals erwartet und erhofft hatten! Roland und ich mussten sofort nachbestellen.

Nun kam für uns die Zeit, das richtige Fundament zu schaffen, damit wir höhere Stückzahlen liefern und den Markt bedienen konnten, ohne die Qualität zu mindern. Die nächsten Jahre arbeiteten wir mit dem Bild eines Lebensbaums: fest verwurzelt und doch mit Freude daran, nach den Sternen zu greifen. Wir sprachen stundenlang über unsere Kunden und versuchten uns in sie hineinzuversetzen: Was wünschen wir Frauen uns? Was bereichert uns? Welche Düfte lieben wir? Was erwarten wir? Was brauchen wir? Dazu veranstalteten wir regelmäßige Kundenevents, um ehrliche Feedbacks zu bekommen und dadurch in den ersten Jahren die richtigen Pfeiler setzen zu können. Parfums, Vierundzwanzig-Stunden-Cremes, Reinigungsschaum, Lippenpeeling, Gesichtsserum und viele weitere Genussprodukte kamen auf den Markt. Unsere Tage verbrachten wir im Labor, im Büro, auf Messen, wieder im Labor, wieder im Büro, danach im Meetingraum. Das war unsere Arbeitswelt – einerseits anstrengend, andererseits auch berauschend und inspirierend.

Die Zeit ging nicht spurlos an mir vorbei, denn eines Nachts wachte ich auf und spürte eine starke, innere Unruhe. Mir wurde plötzlich mehr denn je bewusst, wie rasant unsere Firma wuchs. Ich dachte an all die Leute, die wir eingestellt hatten, und an die enorme Verantwortung, die nun auf meinen Schultern lastete. Und mir ging durch den Kopf: Ich musste bewusster handeln, denn mein Handeln beeinflusste nicht nur mich, sondern viele Familien. Um dieser Aufgabe gerecht zu werden, suchte ich mir einen Coach, mit dem ich über dieses Thema reden konnte. Ich erzählte ihm von meinen Sorgen, er hörte mir zu, und wir entwickelten einen Plan, wie ich mich selbst motivieren konnte, um an dieser Aufgabe überzeugt und voller Freude zu wachsen. Er riet mir dazu, mich selbst zu ermutigen und daran zu erinnern, wie stark ich war und wie gut ich mit dieser Herausforderung würde umgehen können. Mein regelmäßiger Peptalk – also ein Motivationsgespräch mit mir selbst – wurde von nun an zu meinem ständigen Begleiter. Ich erinnerte mich selbst daran, dass ich zwar Verantwortung für viele Mitarbeiter trug, dadurch aber auch gesegnet war, weil ich ganz wunderbare Menschen kennenlernen durfte. Denn eine Sache, die ich bis heute am Unternehmertum mit am aufregendsten finde, ist die Tatsache, wie vielen Menschen man während der Arbeit begegnet. Vom Wissenschaftler über den Laboranten bis hin zu der Person, die den Tiegel in die Kartonage packt, damit er verschickt werden kann. Diese Bandbreite an Menschen fasziniert mich bis heute, und mir wurde damals klar, dass es eine wichtige Grundvoraussetzung für eine Führungsperson ist, Menschen zu lieben. Genauso, wie ein Lehrer Kinder lieben sollte oder ein Tierarzt Tiere. Ich musste also nicht nur etwas geben – nämlich Sicherheit –, sondern bekam selbst etwas geschenkt: eine Vielfalt an tollen Menschen.

Nach den kurzen Selbstzweifeln, die aufgrund des schnellen Erfolgs und der rasant wachsenden Firma in mir aufgestiegen waren, fand ich also wieder zu meiner alten Stärke zurück. Allerdings wurde mir ebenfalls klar, dass man mir als Unternehmerin anders gegenübertreten würde als früher. Ich hatte plötzlich Konkurrenten, die auf mich aufmerksam wurden. Von dem Kuchen, den sie sich bisher teilen durften, musste nun auch noch ein Stück an mich abgegeben werden, was einigen so gar nicht passte. Leute, die mich bisher immer nett gegrüßt hatten, ignorierten mich plötzlich, und ich dachte: Das war wohl der berühmte Wind, von dem alle sprachen und der mir jetzt um die Nase wehte. Und dann wurde mir klar: Natürlich, ich hatte die Seiten gewechselt, stand jetzt quasi mit ihnen auf einer Ebene. Und das passte ihnen selbstverständlich nicht. Ich fühlte mich beobachtet gemäß dem Motto: We are watching you! Dabei war es zu erwarten gewesen, dass man anders betrachtet würde, sobald man einen solchen Schritt tat. Die Tatsache sollte einen aber nicht davon abhalten, seinen Weg weiterzugehen. Beziehungen, Freundschaften, Menschen und ihr Verhalten verändern sich nun mal. Wir alle stecken uns gegenseitig in Schubladen, um ein Raster zu haben, an dem wir uns orientieren können. Diese Schubladen trennen uns oft mehr, als dass sie uns die Möglichkeit geben, aneinander zu wachsen. Trotzdem belebt Konkurrenz auch das Geschäft, und man sollte sich nicht davor fürchten. Vielmehr sollte es ein Ansporn sein, schneller, besser und kreativer zu werden. Was mir dabei jedoch besonders wichtig ist, das ist der respektvolle Umgang. In all den Jahren habe ich immer versucht, meine Konkurrenten zu grüßen oder sogar einen Plausch zu halten, was in anderen Branchen nicht immer üblich ist.

Nachdem die ersten Schritte also gegangen und die ersten Irritationen geklärt waren, wollten Roland und ich unbedingt sobald wie möglich in eigene Laboratorien investieren, um dadurch den direkten Zugang zu

Universitäten und Wissenschaftlern zu bekommen. Ein eigenes Labor hatte viele positive Seiten und würde uns eine größtmögliche Flexibilität bringen. Ich sagte also zu meinem Firmenpartner: »Roland, wir brauchen ein eigenes Labor, in dem wir unsere eigenen Rezepturen entwickeln können, um konkurrenzfähig zu bleiben.« Im italienischen Ferrara nur, gibt es eine Universität, die den ältesten Lehrstuhl der Welt für kosmetische Wissenschaft besitzt. Und genau gegenüber liegt ein Labor, das uns durch das universitäre Netzwerk von Wissenschaftlern als besonders geeignet erschien. Also beteiligten wir uns an diesem Labor, um dort in Zukunft unsere Produkte entwickeln und die Fachkenntnisse der Professoren nutzen zu können. Unsere Wissenschaftler sollten Konzepte entwerfen, die einen Mehrwert haben. Indem unsere Produkte beispielsweise nicht einfach nur Vitamin C enthalten, sondern vielmehr Vitamin C mit einem Hyaluron-Säure-Netz, damit wir einen Doppelnutzen erzielen konnten.

Auf dem Nachhauseweg träumte ich Roland ein wenig vor: »Wäre es nicht toll, wenn wir irgendwann eigene Felder hätten, zum Beispiel ein Rosenfeld?« Und was soll ich sagen? Der Zauber des perfekten Matches ist es, wenn dein Gegenüber diese Ideen aufgreift und davon ebenso begeistert ist wie du. Roland hat meine Worte ernst genommen und dafür gesorgt, dass mein Traum verwirklicht wurde. Heute haben wir direkten Zugriff auf ein Rosenfeld im französischen Grasse und darüber hinaus auch auf Edelweißfelder im Vintschgau und in der

Steiermark. Die Liebe zum Detail verbindet Roland und mich, treibt allerdings andere sicher manchmal in den Wahnsinn. Denn was wir anpacken, ziehen wir durch – egal, wie viel Gegenwind wir haben oder wie viele Hürden wir überspringen müssen.

Konsequent arbeiteten wir unsere Wirkstoffkonzepte weiter aus und brachten neue Produkte auf den Markt. Eins nach dem anderen, jedes mit viel Liebe zum Detail entwickelt. Bis heute sind es zwölf verschiedene Linien mit insgesamt vierhundert Produkten, die nicht allein in Deutschland, sondern auch in Australien, Italien, Österreich, der Schweiz, England, Irland, Schottland und Russland verkauft werden. Wir haben mittlerweile an die hundert Mitarbeiter, die sich in Innsbruck, wo unser Firmensitz ist, um Vertrieb und Marketing kümmern. In Udine, im Nordosten Italiens, befindet sich die Produktion. Dazu kommen neben unserem Labor in Ferrara Kooperationen mit anderen Laboratorien, unter anderem dem ADSI, dem Austrian Drug Screening Institute, das regelmäßige Tests für uns durchführt. Aus einer kleinen Idee wurde ein riesiges Netzwerk, das unfassbar gut und harmonisch ineinandergreift, um so für konstante Qualität und den daraus resultierenden Erfolg zu sorgen. Eigentlich kann ich selbst kaum glauben, was wir da über die Jahre auf die Beine gestellt haben. Wenn ich aber an meinen Vater denke, der mir früher, wenn ich rätselte, was ich später mal werden wollte, zuraunte: »My little girl, you can be whatever you want«, dann weiß ich, dass er absolut recht hatte. Wir alle können sein, was immer oder wer immer

Edelweißernte im Vinschgau (li) und Rosenernte auf einem unserer Rosenfelder im südfranzösischen Grasse (re) 2013.

Für mich ist es ein schöner Luxus, dass wir eigene und sehr hochwertig kreierte Essenzen in all meinen Produkten verarbeiten und damit für beste Qualität sorgen.

uf der »Glow-Beauty-Convention« in Berlin 2016, der größten
eauty- und Influencer-Messe in Deutschland, die ich zusammen mit
ieinem Geschäftspartner Dr. Georg Kofler veranstalte.

h bin meinen Fans für die treue Unterstützung sehr dankbar.

So gerne wie ich geschminkt werde, so sehr macht es mir Spaß, andere mit meiner Kosmetik zu verwöhnen.

Eines der wenigen Fotos, auf dem ich mit Brille zu sehen bin.

Meine Beauty-Show im Studio bei HSE24.

Niemals werde ich die Sendung bei HSE24 mit dem berühmten Parfümeur Frédéric Haldimann vergessen, als ich dem besonderen »Ombre« von »Mon amour!« auf »den Grund gehen« sollte …

; ist mir ein großes Anliegen, hilfsbedürftige Menschen zu unterstützen.
ier eine Spende von HSE24 und mir für SOS-Kinderdorf.

unserem Headquarter in Innsbruck: Mit meinem Produktentwicklungs-
ım bin ich im ständigen Austausch darüber, welche Produkte wir ent-
ckeln oder optimieren können.

Professor Stefano Manfredini, Dermakosmetiker, in unserem Labor in Ferrara, Italien.

Unser Team, das im italienischen Labor die Judith-Williams-Kosmetik produziert.

JUDITH WILLIAMS
COSMETICS

DHDL: Ich halte den »Pony Puffin« zum ersten Mal in Händen – ein Produkt, das sich zum absoluten Verkaufsschlager entwickelt hat.

Carsten Maschmeyer, Frank Thelen, Dagmar Wöhrl, Ralf Dümmel und ich beim Selfie-Shooting während der 4. DHDL-Staffel 2017.

Was das neue Jahr wohl bringen wird – meine Mama und ich an Silvester 2017.

Mein Papa und ich ganz happy nach unserem gelungenen Auftritt beim Benefiz-Konzert »Stecher-Williams and friends« zu Gunsten der »Tribute to Bambi«-Stift 2011.

Meine erste Autogrammkarte
nd das absolute Lieblingsfoto
neines Mannes Alexander.

Mit Sophia, meiner erstgeborenen Tochter, beim Vorlesen eines neuen Bilderbuchs.

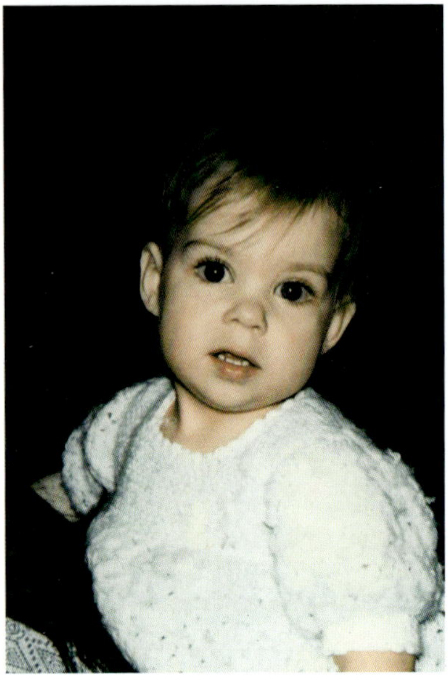

Klein-Judith mit eineinhalb Jahren.

Schon als Kind war ich berüchtigt für meine Experimentierfreude beim Backen …

Kosmetik und Tanz waren und sind meine Leidenschaften.

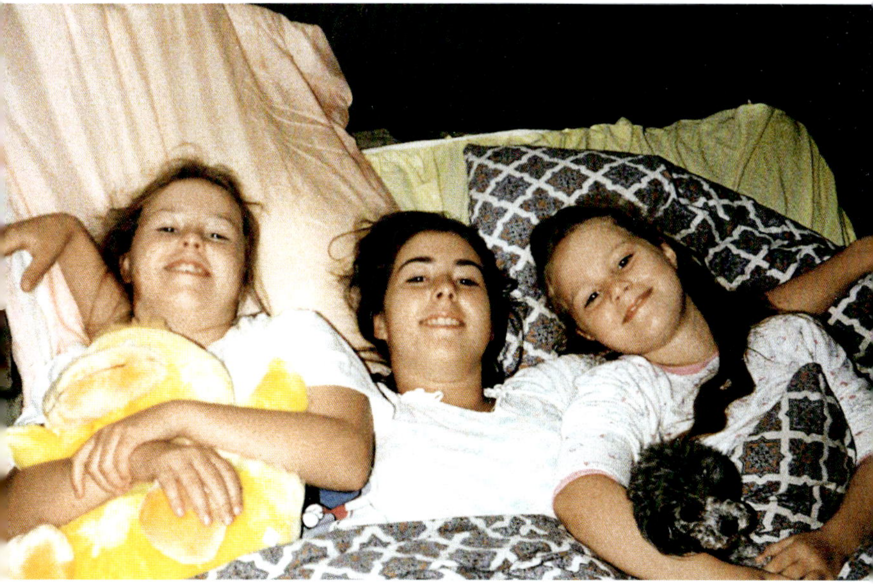

Ein unzertrennliches Trio: meine Schwestern Elizabeth (li) und Katherine (re) und ich.

Mit Elizabeth (li) und Katherine (re) 2008 in den USA.

Einer der schönsten Tage meines Lebens – die Hochzeit mit Alexander am 4. August 2011.

Natürlich waren meine Schwestern meine Brautjungfern.

Brautentführung mit der Wasser wacht.

Weihnachten 2017: Angelina und Cavalier King Charles Spaniel Sissi in Vorfreude auf den legendären Turkey.

Mit Sophia und Angelina beim Wandern über die White Cliffs in St. Margare Bay bei Dover im Sommer 2017.

milienurlaub im Sommer 2014 in Charleston, South Carolina, USA.

roßfamilienurlaub (mit Alexanders Söhnen Laurin und Vincent) an
stern 2017 in Florida, USA.

Die Star-Tenöre Jonas Kaufmann (li) und Placído Domingo (re) bei der TV-Preisverleihungsgala meines Mannes: »Die Goldene Deutschland« 2015 im Cuvilliés-Theater der Münchner Residenz.

Mein Mann Alexander und ich begrüßen unseren internationalen Ehrenpreisträge S.D. Fürst Albert II von Monaco bei »Die Goldene Deutschland« 2015.

Mit Erich Klann beim Training für Let's Dance.

ıvergessliche Erlebnisse bei Let's Dance: das Finale am 06. Juni 2018 ben); eine Pose bei der Rumba (unten).

Der erste Quickstep: nach der Probe mit Tanzpartner Erich.

Im Kreis der Familie und mit engen Freunden: große Freude nach dem Finale bei Let's Dance. Erich und ich belegten einen wunderbaren 2. Pla

wir sein wollen. Es gehören nur eine gehörige Portion Mut, der Glaube an sich selbst und etwas Ausdauer dazu.

Die Schminkfee

Kosmetik ist so viel mehr als eine Äußerlichkeit – Kosmetik ist Balsam für die Seele. Sie ist eine Vertraute, eine Freundin, eine Geliebte, eine Psychologin, eine Heilerin, eine Seelenverwandte. Menschen, die sich aufladen wollen, bekommen durch sie eine wunderbare Art der Zuwendung. Besonders wir Frauen, die wir immer alle in unserem Umfeld zufriedenstellen wollen und uns selbst dabei manchmal ein wenig vergessen, schaffen es durch die Kosmetik, ein paar Minuten des Tages für uns zu gewinnen. Wir tauchen ein in eine körperliche Welt, die eine besondere Form des Belohnens ist und zu einem ähnlichen Genuss führt wie der Besuch in einem edlen Restaurant mit wunderbarem Essen. Kosmetik und gutes Essen liegen so nah beieinander – beides streichelt unsere Seele und tut uns unendlich gut.

Ich persönlich liebe die Kosmetik, weil sie die digitalisierte, so unruhige Welt für einen kleinen, persönlichen Moment stoppt. Beim Auftragen des Lippenstifts oder beim Eincremen des Körpers sind wir ganz bei uns – es wird ein Zauber über unseren Alltag gelegt, der unserem Körper das Gefühl gibt, für einen kleinen Augenblick wirklich geliebt zu werden.

Meine Liebe zur Kosmetik hat mir in meiner Familie den Namen »Schminkfee« eingebracht. Wenn ich meine Schwester besuche, sage ich gern mal: »Schätzelein, lass mich mal schnell dein Make-up machen, so kannst du nicht rumlaufen.« Oder ich renne meiner Mutter mit einer Pinzette hinterher: »Warte mal, ich zupfe dir schnell die Augenbrauen.« Bevor ich anreise, warnt meine Schwester mich daher gern lachend: »Lass bloß deinen Schminkkoffer zu Hause!« Aber ich kann einfach nicht anders, ich verspüre eben die unbändige Sehnsucht, Menschen zu verschönern. Manchmal sogar zur Freude aller, denn wenn wir ein Familienfest haben, die Küche aufgeräumt und das Geschirr gespült ist, hole ich die Kosmetiktasche raus und schminke sämtliche Frauen unserer Familie über alle Generationen hinweg. Dann sitzen wir da und halten ein Schwätzchen, während ich mit meinen Pinseln und Schwämmen durch die Gesichter wische und das Optimum aus jedem herauszuholen versuche.

Ich bin mit meiner Leidenschaft nicht allein, gut dreißig Milliarden Euro geben die Deutschen jedes Jahr für Körperpflegeprodukte aus und investieren damit ein Fünftel dessen, was sie für ihre Nahrung ausgeben. Allein daran ist zu sehen, wie wichtig Kosmetik für die Menschen ist und welch hohen Stellenwert sie hat. Schönheitsrituale sind so alt wie die Menschheit selbst und reichen bis in die Steinzeit zurück. Während sich die Menschen damals noch im klaren Wasser der Bäche betrachteten, wurden in der Bronzezeit schon handgefertigte Spiegel aus geschliffenen Bronzeflächen hergestellt. Mit geriebener Kreide oder Holzkohle, die sie mit an Stöcke gebundenen Tierhaaren auftrugen, verzierten sie ihre Gesichter und »schminkten« sich auf diese Weise. Desgleichen haben sich Indianer und afrikanische Völker bereits früh das Gesicht bemalt und sich auf diese Weise verschönt. Und vor allem die Menschen im alten Ägypten legten großen Wert auf Körper- und Schönheitspflege. Die Frauen verwöhnten sich mit Salben und Duftölen und trugen mit Zinnober gefärbte Lippenschminke auf. Sie liebten es, zu baden und sich massieren zu lassen, und nutzten zur Pflege Ingredienzien wie Olivenöl, Wollwachs, Milch, Honig, Kleie und Heilerde – Dinge, die teilweise noch heute in Kosmetikprodukten verwendet werden, weil sie eine heilende, wohltuende und pflegende Wirkung besitzen. Die Ägypterinnen schminkten ihre Augen gern auffallend – der markante Lidstrich von Kleopatra wird bis heute als Augen-Make-up verwendet. Auch die Griechen betrieben leidenschaftliche Körperpflege und badeten in Ziegen- und Eselstutenmilch, um so für eine weiche und geschmeidige Haut zu sorgen.

Im frühen Christentum und im Mittelalter nahm die Begeisterung für Kosmetik zwar ab, doch in der Renaissance erlebte sie einen neuen Aufschwung. Die Menschen trugen mit Vorliebe parfümierte Perücken, die Frauen schminkten ihre Augen, betonten ihre Brauen, die Wangen wurden rosig und die Lippen kräftig rot gefärbt. Gesicht und Dekolleté wurden mit Reismehl gepudert. In der Zeit des Rokokos schminkten sich die Frauen dann in zarten Pastellfarben. Im Klassizismus setzte man auf Natürlichkeit und trug sein Make-up gekonnt, aber dezent auf. Den weltweiten Durchbruch erlebte die moderne Kosmetik jedoch in den Goldenen Zwanzigern. Nun wurden Augenbrauen gezupft, es wurde geschminkt und gepudert, und vor allem wurden die »Smokey Eyes« – die noch heute sehr beliebten dunkel umrandeten Augen – erfunden. Zwar wurde das Bewusstsein für Kosmetik während des Zweiten Weltkriegs noch einmal in den Hintergrund gedrängt, kam danach aber stärker denn je zurück und ist bis heute ein fester Bestandteil der Gesellschaft geblieben.

Obwohl deutsche Frauen sich durchaus gern schminken, trauen sich Frauen in anderen Kulturen wie Italien, Spanien oder auch Russland oftmals, noch ein Stück weiblicher zu sein. Sie zeigen, was sie haben, sie lieben es, ihre sinnliche Seite auszuleben und damit das eigene Körpergefühl zu festigen. Dieses Verführerische, Zarte und Sensible, über das wir Frauen verfügen, ist in meinen Augen etwas ganz Zauberhaftes, das wir unbedingt nutzen sollten. Die Bandbreite an Kosmetik, die uns heutzutage zur Verfügung steht, ist großartig und wartet bloß darauf, von uns genutzt zu werden. Bereits Platon sagte: »Wenn es etwas gibt, für das es sich zu leben lohnt, dann ist es die Betrachtung des Schönen.« Doch natürlich liegt Schönheit im Auge des Betrachters, wie Thukydides feststellte. Wer will schon darüber entscheiden, was schön und was hässlich ist? Die Debatte darüber beschäftigt Philosophie, Kunst und Kulturwissenschaft seit jeher, Fakt aber ist: Selbstredend ist es schöner, einen Menschen anzuschauen, der sich ein wenig zurechtgemacht und gepflegt hat, als jemanden, dem sein Aussehen völlig egal ist.

Doch die äußere Schönheit kann sich in meinen Augen lediglich dann entfalten, wenn auch eine innere Schönheit vorhanden ist. Der Dichter Karl Theodor Körner sagte: »Die Schönheit strahlt nur aus dem inneren Leben.« Die echte, wahre Schönheit beginnt mit den eigenen Gedanken, der Energie, die wir versprühen, und unserer Einstellung zu uns selbst und unserer Umwelt. Philosoph Ralph Waldo Emerson hatte durchaus recht, als er festhielt: »Und wenn wir die ganze Welt durchreisen, um das Schöne zu finden: Wir müssen es in uns tragen, sonst finden wir es nicht.« Schönheit beginnt also in uns selbst und allein wir können dafür sorgen, dass wir sie spüren und ausstrahlen. Ein kleiner Schritt in die richtige Richtung ist es für mich, abends nicht ins Bett zu gehen und an Sorgen, Probleme oder Misserfolge zu denken, sondern Revue passieren zu lassen, was am gelebten Tag eine Bereicherung war, was eine Herausforderung, was mich gefreut hat. Wenn es etwas gibt, das mich dennoch belastet, hilft es mir, meine negativen Gedanken abzuschütteln und zu denken: Judith, das ist überflüssiger Ballast! Um sie sogleich in etwas Positives umzuwandeln und ziehen zu lassen. Wenn ich dann am nächsten Morgen aufwache, nehme ich mir fünf Minuten Zeit, um mich zu fragen: Wohin geht meine innere Reise heute? Was erwarte ich von diesem Tag? Wie kann er mich glücklich machen? Dann durchströmt mich ein wunderbares Gefühl von Frieden, das mir Energie gibt und mich durch den ganzen Tag trägt. Gedanken sind die Grundmauern unseres Glücks, und wer braucht schon Dichter, Denker und Philosophen, wenn er eine Mutter hat wie meine, die bereits früher immer zu mir sagte: »Es gibt Leute, die sind mit sechzehn schön, weil sie Glück gehabt haben. Mit sechzig sieht das anders aus. Wenn du in diesem Alter nicht mehr schön bist, hattest du einfach die falschen Gedanken.«

Wir Frauen durchlaufen im Leben eine Wandlung. Als Teenager sind wir oft von Zweifeln geplagt und denken: Wenn ich erwachsen bin, wird das ein Ende haben. Sind wir aber zwanzig oder dreißig, geht es immer noch darum: »Bin ich attraktiv genug? Oje, ich habe drei Kilo zu viel auf den Rippen! Doch irgendwann merken wir, wie unwichtig das alles ist. Denn je älter wir werden, desto weniger Komplimente bekommen wir für unsere Schönheit. Umso mehr jedoch für uns als Mensch. Mit sechzig geht es nicht mehr darum, jemanden mit unserer Schönheit zu beeindrucken, sondern mit unserem Charakter und mit dem, was wir über das Leben gelernt haben, mit dem, was uns inspiriert und geformt hat. Wir Frauen müssen uns nun ganz anders definieren und einen Wandel vollziehen, der vielleicht nicht ganz leicht ist. Besonders für Frauen, die sich ein Leben lang über ihre Schönheit definiert haben, ist das schwierig. Plötzlich stehen sie da und fragen sich: Was kann ich eigentlich noch für die Allgemeinheit beitragen? Kosmetik ist in dieser Zeit des Wandels keinesfalls überflüssig, sondern ganz im Gegenteil sehr unterstützend. Denn die äußere Hülle, der Körper, will genauso gepflegt werden wie unser Innerstes. Während sich die innere Wandlung vollzieht, wird sie durch ein friedvolles Mit-sich-im-Reinen-sein unterstützt. Wir können uns nun anschauen und lächelnd feststellen: »Diese Fältchen da pflege ich, denn was ihnen guttut, tut auch mir gut.« Und plötzlich laufen äußere und innere Schönheit zusammen und vereinigen sich zu etwas ganz Wunderbarem, das wir dann genauso ausstrahlen.

Deshalb halte ich es für unglaublich wichtig, dass wir Frauen niemals verpassen, uns innerlich weiterzuentwickeln und uns die Frage zu stellen: Was sind eigentlich unsere Stärken in dieser Welt, in der wir uns so sehr an die Männer anpassen und in der unsere Schönheit nur dadurch definiert wird, ob Männer auf uns aufmerksam werden oder nicht? Jetzt ist die Zeit gekommen, in der unsere Soft Skills, unsere weichen Fähigkeiten und Eigenschaften, mehr denn je gebraucht werden. Die künstliche Intelligenz kommt mit rasanter Geschwindigkeit auf uns zu und hat zur Folge, dass Maschinen und Computern mehr vertraut wird als uns Menschen. Gerade jetzt werden weibliche Eigenschaften wie Emotionalität, Empathie und Menschlichkeit gebraucht und tragen zur Schönheit unserer Welt bei. Zur Schönheit des Augenblicks, der Liebe, des menschlichen Umgangs, des einander Brauchens. Denn Schönheit allein ist immer leer, sie entfaltet sich erst in dem Augenblick, in dem sich Menschen begegnen, in dem sie von jemandem gesehen und genossen wird – erst dadurch wird sie lebendig. Christian Morgenstern sagte: »Schön ist eigentlich alles, was man mit Liebe betrachtet. Je mehr jemand die Welt liebt, desto schöner wird er sie finden.« Wenn wir uns selbst und unser Umfeld mit Liebe betrachten, können wir sogar eine Schönheit empfinden, die uns sonst womöglich verborgen geblieben wäre.

Kapitel 5

Die Höhle der Löwen

… oder wie aus einer Idee ein Business wird

Manege frei

Nicht jede Entscheidung im Leben ist einfach zu treffen. Obwohl ich eine Frau der Tat bin und nicht lange fackele, bevor ich mich zu etwas entschließe, erlebe auch ich Momente, in denen ich erstaunlich lange zögere. Eine klare Vision von etwas zu haben und sie gezielt in die Tat umsetzen, ist etwas anderes, als eine Idee herangetragen zu bekommen, die man erst abwägen muss. So erging es mir, als ich plötzlich für die Show »Die Höhle der Löwen« angefragt wurde. Ich fühlte mich sinnbildlich von einem Löwen belauert, von dem ich nicht genau wusste, ob er mich fressen würde oder mir zugeneigt war.

Als der Anruf der Produktionsfirma Sony Pictures kam und man wissen wollte, ob ich Investorin in einer neuen Gründershow werden wolle, dachte ich erst einmal: Was? Ich? Etwas erstaunt ließ ich mir das Konzept erläutern: Leute, die ihr eigenes Business auf die Beine stellen möchten, präsentieren ihre Idee vor einer Jury, die aus erfahrenen Firmengründern besteht. Die Investoren bewerten die Ideen und entscheiden dann, ob und mit wie viel Geld sie sich an dem neu zu gründenden Business beteiligen wollen. Die Hälfte der Investoren kannte ich überhaupt nicht, nur Vural Öger und Jochen Schweizer waren mir ein Begriff.

Nachdem ich aufgelegt hatte, stellte ich mir förmlich vor, wie ich steif auf einem Stuhl neben Vural Öger und Jochen Schweizer sitzen würde, die eher trocken ihr

Business-Wissen auspackten, während ich einem armen Erfinder beibringen musste, dass ich seine Idee nicht gut genug fand, um sie zu unterstützen. Entschlossen blickte ich meinen Mann an und erklärte: »Das sag ich ab! Ich setze mich doch nicht auf einen Stuhl und tue so, als ob ich wichtig wäre. Ich will mit Menschen zusammenarbeiten, mich lebendig fühlen und nicht trocken fachsimpeln. Vor allem aber will ich nicht Leute beurteilen müssen und ihnen ihre Träume nehmen.«

Ein paar Tage schob ich den Gedanken an die Sendung beiseite, irgendwie ging mir die Anfrage jedoch nicht aus dem Kopf. Bis mein Mann mir die Augen öffnete: »Geht es in dieser Show denn nicht genau darum, mit Menschen zu arbeiten? Und ist es nicht genau das, was du immer gern getan hast? Nämlich den Wert eines Produktes zu erkennen, es nach vorne zu bringen und es auf dem Markt zu platzieren?« Jetzt war ich unsicher geworden und musste zugeben: »Schon, ja. Eine Marke aufbauen kann ich – das habe ich vor meiner eigenen Kosmetiklinie bereits mit den Produkten von HSE geschafft. Aber reicht das, um eine ernst zu nehmende Investorin abzugeben?« Und ehe mein Mann widersprechen konnte, hatte ich schon wieder abgewunken: »Nein, das reicht nicht.« Damit war das Thema für mich erledigt, und ich redete mir ein, dass ich die richtige Entscheidung getroffen hatte. Mein Mann, der zugleich mein Manager ist, rief bei der Produktionsfirma an und erklärte notgedrungen: »Sorry, meine Frau steht für dieses Projekt leider nicht zur Verfügung. Vielleicht suchen

Sie sich lieber eine Frau, die ganz klar für Business steht. Eine Bankerin? Eine Vorstandsvorsitzende?« Der Produzent widersprach sofort: »Wir brauchen jemanden, der lebendig ist, jemanden, der Humor hat. Genau so jemanden wie Ihre Frau.«

Nachdem Alexander aufgelegt hatte, fasste er zusammen: »Die brauchen keinen Buchhalter- oder Steuerberatertyp, sondern sie brauchen jemanden, der Business lebendig macht.« Also habe ich noch einmal nachgedacht: Ich habe in den vielen Jahren des Teleshoppings so viele Produkte in den Händen gehalten, dass ich mittlerweile mit einer Trefferquote von fünfundneunzig Prozent erkennen kann, ob ein Produkt erfolgreich wird oder nicht. Und wie man eine Marke aufbaut, weiß ich ebenfalls, denn mit unserer Firma bringen wir neben unseren eigenen Marken auch andere heraus, die sehr erfolgreich im Einzelhandel platziert sind. In Meetings macht es mir oft besondere Freude, die verkrustete Business-Atmosphäre lebendig werden zu lassen und etwas mehr Emotionen hineinzubringen, ehe wir alle im Rahmen der Digitalisierung ersetzt werden. Denn die Soft Skills sind letztendlich das, was uns von Computern unterscheiden wird. In fünf bis zehn Jahren werden sie das Wichtigste im Business sein. Und während ich mich darüber mit meinem Mann austauschte, wurde mir klar, dass ich Soft Skills liebe, für sie stehe und sie jeden Tag einsetze. Wenn das alles als Gesamtpaket reichen sollte, dann wäre ich vielleicht doch die Richtige für den Job als Investorin in der »Höhle der Löwen«. Also griffen mein Mann und ich zum Telefonhörer und sagten schlussendlich noch zu. Die Fernsehmacher freuten sich hörbar: »Großartig! Was für ein Glück, eine Frau wie Sie gefunden zu haben, die auf diesem Level ihr eigenes Business aufgebaut hat, dabei nicht hölzern oder steinern wirkt, sondern im Geschäftsleben noch Frau geblieben ist.«

Eine Produktidee zu haben, ist eine Sache, sie auf den Markt zu bringen und erfolgreich zu platzieren, eine andere. In der Sendung »Die Höhle der Löwen« (DHDL) findet man sie alle: die Träumer, die irgendwann feststellen müssen, dass ihre Erfindung nicht realisierbar ist. Die Realisten, die von vornherein perfekt kalkulieren und damit zielstrebig ihren Weg gehen. Die Optimisten, die es schaffen, alle Hindernisse zu umschiffen, allein weil sie so sehr an ihr eigenes Produkt glauben. Ihnen allen bin ich in den letzten Jahren begegnet, habe sie mit meinen Jury-Kollegen ermutigt, sie wachgerüttelt, ihnen Chancen eröffnet, aber auch Hoffnungen genommen. Doch wenn ich eines mehr denn je dabei gelernt habe, dann war es die Tatsache, dass aus jeder guten Idee, sei sie so klein wie ein Samenkorn, etwas ganz Großes wachsen kann.

Erst einmal stand ich mit meiner neuen Aufgabe am Anfang und sollte meine Reise beginnen. Vor der ersten Sendung war ich natürlich aufgeregt. Obwohl ich Livesendungen gewöhnt war und es sich hier »nur« um eine Aufzeichnung handelte, war ich extrem angespannt. Was erwartete man von mir? Wie sollte ich mich geben? Bis ich beschloss, mir nicht mehr so viele

Gedanken zu machen und einfach ich selbst zu sein. Als ich mich mit Lencke Wischhusen in die Reihe der Männer, bestehend aus Frank Thelen, Vural Öger und Jochen Schweizer, einreihte, spürte ich direkt, dass hier alles andere als Kuschelkurs angesagt war. Wenngleich wir uns alle schätzten und mochten, waren hier Ellenbogen nötig, um sich durchzusetzen. Ich musste mich positionieren, um nicht überrollt zu werden, ich musste eine Löwin werden, um zu kämpfen.

Die Gründer, die mit ihren bunten Ideen hereinkamen, überraschten, amüsierten und erstaunten mich gleichermaßen. Smartphone-Hüllen aus Recycling Papier, eine Nagellackierhilfe, Zahnreinigungstabletten, ein Herrenhemd mit Rutschschutz ... Ich war begeistert, auf welch verrückte Ideen die Menschen kommen konnten, und fühlte mich ein bisschen wie im Zirkus – in gespannter Erwartungshaltung, was als Nächstes auftauchen würde. Nun war also ich diejenige, die von einem Produkt überzeugt werden musste, anstatt es selbst anzupreisen.

Bei Präsentationen achte ich bis heute ganz besonders auf den Menschen. Ein Produkt ist austauschbar, der Mensch dahinter nicht. Die wichtigste Frage ist, ob die Menge an Arbeit, die Aufbau und Vermarktung des Produkts mit sich bringen, vom Gründer geleistet werden kann. Wie viel Arbeit muss noch in das Projekt gesteckt werden? Was wird für Umbau und Aufbau benötigt? Welche Fähigkeiten und welches Know-how hat der Gründer in diesen Bereichen? Wo liegen seine Qualitäten? Hält er sich beispielsweise für einen exzellenten Buchhalter, dann ahne ich schon, dass alle kreativen Beiträge von mir geleistet werden müssen. Hält er sich hingegen für einen kreativen Kopf, sehe ich mich allein über der Finanzbuchhaltung brüten. Was erwartet er von mir als Investorin? Denkt er sich: Gut, Judith Williams hat jetzt zehn Prozent, dann kann ich mich ja auf die Couch legen und sie die Arbeit machen lassen? Oder sehe ich womöglich, dass er zwar ein tolles Produkt, aber überhaupt keine Führungsqualitäten hat? Dann muss ich ihm ehrlich sagen: »Pass auf, ich liebe dein Produkt und glaube daran, dass wir es erfolgreich auf den Markt bringen können, doch ehrlich gesagt sehe ich dich nicht in der Rolle des Geschäftsführers. Deshalb benötige ich einen hohen Prozentsatz, um die Sache weitestgehend selbst in die Hand zu nehmen.«

Eine andere Möglichkeit wäre in diesem Fall ein Lizenzvertrag, bei dem ich ihm anbiete, Produktion und Abwicklung zu übernehmen und ihm als Ideengeber dafür einen gewissen Prozentsatz des Gewinns zu überlassen. Neunzig Prozent der Gründer, die in der Sendung »Die Höhle der Löwen« auftreten, suchen meiner Meinung nach nicht nur einen Investor, sondern in erster Linie jemanden, der für sie die Firma aufbaut. Dies ist auch der Grund, weshalb wir Investoren mehr als zwei bis drei Prozent Beteiligung brauchen – unter dreißig Prozent ergibt die Sache für uns keinen Sinn, denn Aufwand und Gewinn würden sonst zu weit auseinanderklaffen. Ein Start-up bedeutet also in erster Linie, in Menschen zu investieren, an die man glaubt. Die wichtigste Ausgangsbasis ist ein gut funktionierendes, vielseitiges Team, das harmoniert und sich möglichst optimal ergänzt. Die Psychologie, die beim Aufeinandertreffen von Investoren und Gründern erforderlich ist, schützt vor späteren Enttäuschungen und hilft sehr, dem Produkt bestmöglich gerecht zu werden. Denn nichts ist schlimmer, als am Ende feststellen zu müssen, dass es nicht funktioniert und man aus dem Deal wieder aussteigen muss.

Erst wenn ich diese ganzen Fragen für mich geklärt habe, konzentriere ich mich auf das Produkt: Gibt es jemanden, der dieses Teil jeden Tag in den Händen halten will? Oder ist das ein Produkt, von dem man denkt: Ach, wenn ich das ein bisschen aufbausche, kriege ich das schon irgendwie verkauft. Einfach Produkte auf den Markt zu bringen, ist mir eigentlich zuwider. Stattdessen möchte ich in Produkte investieren, die einen absoluten Mehrwert haben. Die für etwas stehen, das Menschen heutzutage erfüllt. Etwas, das den Zeitgeist trifft und das tatsächlich gebraucht wird. Und für die nicht gilt: einmal gekauft, einmal benutzt und dann ab in den Schrank! Lieber weniger Deals, dafür aber lohnende, denn ich bin wirklich daran interessiert, eng mit den Gründern zusammenzuarbeiten und eine gute, stabile Marke aufzubauen, statt ein kurzfristiges Produkt auszuspucken.

Die Überzeuger

Immer wieder stockt mir der Atem, wenn die Tür aufgeht und unsere Gründer hereinkommen. Jedes Mal liegt eine ungeheure Spannung in der Luft und damit die Frage, ob Idee, Vortrag und Präsentator überzeugen werden. Bei manchen von ihnen weiß ich schon nach wenigen Sekunden, dass sie mich überzeugen werden und ich alles dafür tun würde, um den Deal zu bekommen.

Eine davon war Elena Musiol mit ihrem Mann Julian, die uns ein kleines Ding präsentierten, von dem wir anfangs alle dachten: Was soll das denn sein? Weil die beiden aber sympathisch und gleichzeitig selbstbewusst auftraten, wurden wir alle neugierig. Sofort nahm Elena uns mit auf eine Reise, indem sie uns amüsant beschrieb, wie sie höchst kreativ versuchte hatte, einen perfekten Pferdeschwanz mithilfe von Knete und Korken hinzukriegen. Und wie sie diese Idee weiterentwickelte, bis sie schließlich einen kleinen Silikonstöpsel hergestellt hatte, mit dem man sich einen Pferdeschwanz machen kann, der selbst dünnes Haar plötzlich voll aussehen lässt. Stolz präsentierte uns Elena also ihren »Pony Puffin«, und ich wusste sofort: Die Frau muss ich unterstützen! Das ist eine geniale Erfindung und thematisch genau mein Ding! Ich habe den Gründern ein Angebot gemacht und konnte kaum glauben, als ausgerechnet Ralph Dümmel, den ich als Löwen-Kollegen und Freund sehr schätze, investieren wollte. Dazu müssen Sie wissen: Löwen reißen in dieser Sendung selbst dann, wenn sie bereits satt sind. Und Ralph hätte eigentlich längst einen kugelrunden, vollen Bauch haben müssen, doch er dachte: Super Produkt, der Deal gehört mir! In dem Moment hörte die Freundschaft auf – und das war auch okay so. Wie bei uns Investoren üblich, wurde Ralph nun zu einem bunten Pfau, indem er seine gesamte Kompetenz vor den Gründern aufblätterte, um sich als erste Wahl ins Gespräch zu bringen. Er pries sich selbst und seine Vertriebswege ausführlich an und versuchte, den beiden den Deal mit ihm schmackhaft zu machen. Natürlich müssen wir immer damit rechnen, dass andere Investoren ebenfalls Angebote abgeben und versuchen, attraktiver als die anderen zu sein. In dem Fall dachte ich aber: O nein! Das ist mein Deal, und den werde ich mir holen! Also tat ich es Ralph gleich, und wir kämpften wie die Löwen im Pfauenkleid. Ich erklärte meinem Konkurrenten: »Ralph, du hast hier bisher jeden Deal bis auf wenige Ausnahmen gemacht. Du gehst aus der Staffel mit etwa fünfunddreißig Deals raus. Und jetzt kommt einmal ein Kosmetikprodukt, für das ich die perfekte Investorin wäre! Du weißt, dass ich in diesem Fall besser geeignet bin als du, eine Marke aufzubauen, sie nachhaltig lebendig zu halten und dafür zu sorgen, dass sie keine Eintagsfliege bleibt.« Ralph Dümmel ließ sich von meinen Worten selbstverständlich nicht beeindrucken, anders hätte ich es von ihm auch gar nicht erwartet. Er kämpfte weiter. In solch einer Situation möchte ich nicht in der Haut der Gründer stecken. Schlussendlich entschied sich das Gründerpaar aus Berlin Gott sei

Dank für mich. »Pony Puffin« zählt bis heute zu einer der genialsten Erfindungen, die in der Sendung vorgestellt wurden. Das Produkt war nicht nur kurz nach der Sendung ausverkauft, sondern wir arbeiten bis heute auf Hochtouren an der Produktion, die wir in Deutschland angesiedelt haben und dort unbedingt halten wollen. Der »Pony Puffin« zeigt auf eindrucksvolle Weise, dass es nicht nötig ist, die Waren günstig in China fertigen zu lassen, sondern dass eine Produktion vor den Toren Berlins genauso gewinnbringend möglich ist.

Nicht immer ist der Gang nach Asien die bessere Alternative. Wir würden sicher ein paar Cent in China sparen. Andererseits sorgt die Produktion direkt vor der Tür für eine hohe Flexibilität. Dies entspricht nicht zuletzt dem Wunsch der Gründerin, denn die Produktionsstätte Deutschland passt besser zu ihrer eigenen Weltanschauung, zur Marke und zur gewünschten Qualität. Der unumstrittene Verkaufsschlager »Pony Puffin« wird also fleißig in Berlin produziert, ist ein Beststeller in sämtlichen Drogeriemärkten von dm bis Douglas und gehört meines Erachtens in jede weibliche Kosmetiktasche.

Genauso überzeugt hat mich die Idee von »Little Lunch«. Ich weiß noch, als wäre es gestern gewesen, wie die Brüder Denis und Daniel Gibisch mit leckeren Suppen in Gläsern hereinkamen und aus mir herausplatzte: »Ich liebe Gulaschsuppe, also da hätte ich jetzt Lust drauf.« Die Gründer erläuterten uns, dass es sich um eine Biosuppe ohne Konservierungsstoffe, Geschmacksverstärker oder künstliche Zusatzstoffe handele. Klar dachte ich zuerst: Um Himmels willen, hat die Welt noch nicht genug Suppe?« Etwas halbherzig probierte ich und war ehrlich gesagt ziemlich überrascht. Der Geschmack war allem anderen, was ich im Biobereich an Suppen enttäuscht probiert hatte, deutlich überlegen. Deshalb erinnerte mich einmal mehr selbst daran, dass es immer Platz für qualitativ hochwertige Produkte gibt, die ein Massenthema mit neuem Geist beleben. Der erste Tropfen Suppe auf meiner Zunge war die Sorte »Little China«. Darin waren Kokosmilch und Kokosraspel verarbeitet, die so saftig und zugleich knackig waren, dass es mein erstes Suppenkauerlebnis wurde. Ich war sofort begeistert. Die erste Suppe, die man kauen konnte und die einem dadurch einen Mehrwert schenkte. So hatte man viel länger etwas von seiner Suppe. Die Gründer hatten die altbackenen Suppen, die üblichen Klassiker eben, in eine neue Geschmackswelt getaucht. Während die »Großen« es einfach verpennt hatten, waren die »Kleinen« schneller, kreativer und innovativer. Natürlich hatten sie ebenfalls den Klassiker Tomatensuppe in ihrem Sortiment, aber selbst der erschien mir frischer, fröhlicher und frecher als alles, was bisher im Regal stand. Genau solche Dinge sind es, die wir heute auf einem Markt brauchen, auf dem schon alles existiert. Die Verbindung von Emotionalität und Produkt lässt ein einzigartiges Erlebnis entstehen. Ein Erlebnis, das man – einmal probiert- immer wieder haben möchte. Ein einzigartiges Suppenerlebnis! Und deshalb lautete meine Antwort: »Ja, ich will investieren! Wenn ich von mir ausgehe, dann bin ich überzeugt davon, dass diese Suppen der perfekte Mittagssnack für Business-Leute sind, eine gesunde Mahlzeit für Ernährungsbewusste, eine tolle Alternative zur Bürokantine oder eine gelungene Kleinigkeit für zwischendurch.« Daraufhin habe ich Frank Thelen, der genauso begeistert wirkte, angeschaut und vorgeschlagen: »Frank, das machen wir. Komm, wir machen Suppe!« Er nickte und schob dann nach: »Eigentlich habe ich überhaupt keine Ahnung vom Lebensmittelhandel.« Und ich erklärte ihm lachend: »Ich auch nicht!« Trotzdem machten wir den Brüdern ein Angebot, und sie gingen auf den Deal ein. »Little Lunch« ist heute mit seinen verschiedenen Geschmacksrichtungen wie Kürbis-Mango, Tomate oder Little Thai aus den deutschen Supermarktregalen nicht mehr wegzudenken und eine weitere Erfolgsgeschichte aus der »Höhle der Löwen«.

Genauso wie der »Popcornloop«, der mir wahnsinnig am Herzen liegt. Eine Art Zauberstab mit Mütze – wie meine Töchter immer sagen – wird über einen Topf mit Mais gestülpt und innerhalb kürzester Zeit entsteht auf einfachste Weise leckeres Popcorn. Bei uns zu Hause ist er im Dauereinsatz, meine Kinder lieben diesen Zauberstab und dadurch natürlich auch mich, die in dieses Produkt investiert hat. Erfinder ist der Türke Murat Akbulut, der schon als kleiner Junge Popcorn liebte und es gerne daheim herstellen wollte. Mit zahlreichen Küchenhelfern versuchte er sein Glück. Als dies aber nicht den gewünschten Erfolg brachte, erinnerte er sich an ein

Baumwolltuch, das in der türkischen Küche zum Reiskochen benutzt wird. Am Ende des Kochvorgangs wird es auf den Reis gelegt, sodass der Dampf aufgesaugt werden kann und der Reis nicht matschig wird. So entstand die Idee zu seiner Haube, die am Zauberstab angebracht ist und perfekt jeden Topf abdeckt.

Obwohl Murat Akbulut mich mit dieser Erfindung sofort überzeugte, ahnte ich, dass die Zusammenarbeit nicht einfach werden würde. Denn mit meinem Deal tat ich mich nicht nur mit Murat zusammen, sondern mit seiner gesamten türkischen Großfamilie. Jeder mischte irgendwie im Geschäft mit, und es herrschte ein liebenswertes, absolut kreatives Familienchaos. Nun war es an mir, die Ärmel hochzukrempeln und ein wenig aufzuräumen, denn so gern ich sie alle hatte, war es ein bisschen so, als würde mein Vater plötzlich sagen: »Ich mach dir jetzt die Buchhaltung« und meine Mutter: »Ach, ich könnte mich doch um deine Verträge kümmern.« Keine leichte Aufgabe, denn jeder Gründer hat seine eigene Vorstellung davon, wie es mit seinem Produkt weitergehen soll. Er hat oft viele Jahre Energie und Herzblut hineingesteckt und alles dafür getan, damit die Erfindung endlich entdeckt und wertgeschätzt wird. Beim Aufbau einer Firma ist die Firma das Baby, das gefüttert werden muss. Und die Wahrheit, wie es dem Baby geht, zeigt sich am Ende knallhart in den Bilanzen. Dann ist es die Aufgabe des Investors, dem Gründer aufzuzeigen, weshalb die Firma bisher nicht wachsen konnte – neue Wege müssen gefunden und gegangen werden. Das bedeutet natürlich, aus der gelebten Welt in eine neue Welt mit anderen Prozessen und Strukturen einzutauchen – was manchmal etwas unbequem sein kann. Eine der wichtigsten Voraussetzungen hierbei ist oft die Überzeugungsarbeit. Der Gründer muss verstehen, welche Änderung nötig ist, und diese auch mittragen. Selbst wenn es sich um ein hervorragendes Produkt handelt, verlangt der Erfolg großes Engagement und letztendlich die Bereitschaft des Gründers, dass er sich selbst überdenkt, denn die Entscheidungen, die er trifft, lenken maßgeblich entweder in Richtung Erfolg oder Misserfolg. Im Laufe der Zeit erkennt der Investor, ob der Gründer an seine Grenzen stößt, und es nichts nützt, ihn in eine Position zu zwingen, in der er sich unwohl fühlt. In solchen Momenten stelle ich die menschliche Entscheidung eindeutig vor den Profit.

Eine unglaublich tolle Gründeridee hatten auch Caroline Steingruber, eine Deutsche, und ihr Freund Tim Nichols, ein Engländer. Sie lebten eine Zeit lang gemeinsam in London und aßen dort liebend gern – für die Engländer typisch – Porridge zum Frühstück. Als sie nach Deutschland zurückkehrten, vermissten sie ihr gutes altes Porridge und kamen schließlich auf die Idee, einfach selbst welches zu machen. Gesagt, getan: Sie stellten Haferbrei aus natürlichen Zutaten her, indem sie Haferflocken aus einer kleinen Mühle in Süddeutschland mit dreißig Prozent Frucht mischten und ihr Produkt »3Bears« nannten. Das Porridge wird nur mit etwas Wasser angerührt, aufgekocht und fertig ist das perfekte, ziemlich gesunde Frühstück. Als die beiden vor uns Investoren standen, spürte ich sofort die Power, die von ihnen ausging. Sie hatten einen Traum, glaubten an ihn und waren bereit, alles für ihn zu geben. Noch heute bin ich beeindruckt von der Zielstrebigkeit der beiden. Wenn ich mit ihnen ein Meeting habe, gehen sie anschließend raus, setzen unsere Ideen eins zu eins um und werden sofort aktiv. Wir ergänzen uns perfekt, und die Zusammenarbeit ist ein Traum für meine Investorenseele.

Das war leider nix …

So wie ich von vielen Gründern überrascht und überzeugt wurde, gab es auch einige Reinfälle. Nicht selten hielten uns Menschen Erfindungen unter die Nase, von denen ich entsetzt dachte: O nein! Hoffentlich kommt dieses Produkt niemals auf den Markt. Das ist das Überflüssigste, was ich je gesehen habe! In anderen Fällen wiederum war ich vielleicht von der Idee überzeugt, stellte aber bei weiterem Nachfragen fest, dass derjenige gar kein Patent auf die Erfindung angemeldet hatte, die Firmenzahlen leicht geschönt waren oder der Gründer noch an einen Lieferanten gebunden war, den er uns vorenthalten wollte. Halleluja! Dann war und ist es an uns, den Investoren, so konkrete Fragen zu stellen, dass wir herausfinden können, ob eine Zusammenarbeit überhaupt sinnvoll ist. Wenn der Gründer auf einfache Fragen wie »Welchen Jahresumsatz erzielen Sie denn?« keine Antwort hat, schrillen bei uns allen die Alarmglocken. Und mein erster Gedanke ist: Oje, der kann keine Bilanz lesen und hat von Betriebswirtschaft keine Ahnung. Er liebt vielleicht sein Produkt, wird dir aber als Partner keine Hilfe sein. Gern frage ich in solchen Situationen weiter: »Wie viel Stück könnten Sie in der Woche produzieren? Wenn ich Sie bei dm reinbrächte und Sie würden pro Woche fünfzigtausend Stück verkaufen, bekämen Sie das produktionstechnisch hin?« Wenn er daraufhin hilflos mit den Schultern zuckt und erklärt: »Also darüber habe ich mir noch keine Gedanken gemacht«, kann ich mir nur an den Kopf greifen. In eine Sendung wie »Die Höhle der Löwen« zu gehen, ohne sich vorher Gedanken zu machen, ist so unprofessionell, dass ich eine Zusammenarbeit von vornherein ausschließen.

Andere Gründer scheiterten schon beim Präsentieren ihres Produkts. Sie kamen rein, vergaßen den Text und waren raus. Um danach wieder reinzukommen, wieder den Text zu vergessen und wieder rauszugehen. Als sie unter Schweißausbrüchen erneut vor uns standen, haben wir ihnen geholfen und dafür gesorgt, dass sie endlich einen Vortrag zustande brachten.

Andere wiederum lieferten eine Präsentation, die nicht sehr überzeugend war. So zum Beispiel die Gründer eines Mexican-Food-Start-ups, die uns mit ihrem südamerikanischen Essen überzeugen wollten. Als sie hereinkamen und mexikanisches Essen anpriesen, träumte ich schon von Softshell- und Hartshelltortillas, von wunderbar echten Mexican Brown Beans und einer frischen, saftigen Guacamole mit Cilantro-Topping. Wenn ich mexikanische Küche höre, gehen bei mir alle Geschmacksknospen auf, so sehr liebe ich diese Art des Essens. Doch was mir vorgesetzt wurde, war ein welkes Salatblatt, das durch Osmose stark beschädigt war. Die Pferde gingen mit mir durch, und aus mir platzte es heraus: »Also da kann ich ja im Kofferraum meines Autos eine bessere Burrito wickeln als die, die ihr uns hier anbietet.« Die Erfinder schauten etwas pikiert, aber ich blieb dabei: Wenn man in der Sendung »Die Höhle der Löwen« eine Idee zu einem Franchise-Unternehmen oder einem Restaurantsystem anbietet, sollte man wenigstens drei starke Topseller frisch zum Verkosten dabeihaben. Das war hier leider nicht der Fall. Dem gesamten Auftritt mangelte es an Qualität, obwohl der Grundgedanke fantastisch war. Der einzige Vorteil an dieser Kritik: Die Gründer können das Problem innerhalb kürzester Zeit beheben und weiterhin an ihrer Idee arbeiten. Ein Rezept ist schnell optimiert, und ein Konzept schnell angepasst. Mir persönlich ist es wichtig, dass die Gründer die Sendung in dem Wissen verlassen, dass sie ihr Glück selbst in der Hand haben und alles noch möglich ist. Nur weil ein Auftritt vor uns Investoren nicht erfolgreich war, heißt es noch lange nicht, dass alles vorbei ist. Ganz im Gegenteil – mit dem durch die Kritik neu erlangten Wissen kann das eigene Business verbessert und optimiert werden.

Erfindungen, die bei genauerer Betrachtung kleinere oder größere Mängel aufweisen, gab es leider auch immer wieder. Ein Gründer präsentierte uns laut eigenen Worten »das beste Antiautodiebstahlschloss«. Es war eine sogenannte Diebstahlkralle, die sich nach dem Prinzip der Lenkradsperre zur Sicherung der Türen anbringen ließ. Ich betrachtete mir das Ding genauer und dachte mir: Was, wenn jemand das Fenster einschlägt, einsteigt und wegfährt? Kurzerhand beantwortete ich mir die Frage selbst: Das ist keine Antidiebstahlkralle, sondern ein Antidiebstahlquatsch. Nun saß ich also vor laufender Kamera und fragte mich etwas unglücklich: Oje, wie sage ich das jetzt dem Gründer? Einem Mann, der wahrscheinlich viele Jahre seines Lebens in die Entwicklung gesteckt hatte. All seine Träume, all seine Arbeit würde ich nun mit einem Schlag zunichtemachen. Minutenlang überlegte ich, ob ich das ansprechen oder ihn unwissend ziehen lassen sollte. Letztendlich kam ich zu dem Schluss: Es bringt nichts, die Sache zu vertuschen, er hat die Wahrheit verdient, ich muss es ihm allerdings auf ganz sanfte Art und Weise beibringen. Also fragte ich ihn, ob er glaube, dass jemand das Fenster einschlagen, ins Auto einsteigen und einfach wegfahren könnte. Woraufhin er antwortete: »Nein! Denn wenn jemand die Stange im Auto sieht, würde er sich gar nicht erst trauen, die Scheibe einzuschlagen.« Das war für mich eine Wahnsinnstheorie ... Beherzt stand ich auf, schritt zum Auto, stieg durch das offene Fenster, setzte mich hinter seine Lenkradkralle ans Steuer, entfernte sie und hätte sofort losfahren können. Jetzt blickte mich der Gründer sichtlich enttäuscht an, und auch ihm wurde nun klar, dass seine Entwicklung einen Denkfehler beinhaltete. Es tat mir sehr leid für ihn, doch alles andere hätte ihm nicht weitergeholfen. Dieser Gründer verließ die Show zwar ohne Deal und mit dem Wissen, dass seine Lenkradralle noch nicht perfekt war, wusste aber zumindest, woran er in Zukunft arbeiten musste.

Unvergessen ebenfalls der Teilnehmer, der uns Löwen mit seinen hausgemachten Chilisoßen überzeugen wollte. Er war stolz auf seine besonders scharfen Kreationen und natürlich wollten wir sofort alle probieren. Er reichte uns Nachos und seine Soßen – und weil ich nicht unhöflich sein wollte, ließ ich Vural Öger den Vortritt. Der freute sich noch, als er den Namen der Soßen las – Mexican Tears, also mexikanische Tränen. Er wandte sich an mich und fragte: »Und, Judith? Welche Soße soll ich zuerst probieren.« Ich deutete voller Vorfreude auf die, die mir zuerst ins Auge gestochen war, und reichte ihm ein Nacho, das ich zuvor in eine tiefrote Soße getunkt hatte. Beherzt ließ Vural die Soße auf seine Zunge tropfen, und wir alle blickten ihn erwartungsvoll an. Sekunden später begann er schwer zu atmen, und sein Gesicht nahm die gleiche Farbe an wie die die mexikanische Soße: tiefrot! Mit schmerzverzerrtem Gesicht blickte er mich hilfesuchend an, und ich fragte ihn, was ich tun könne. Mit vollem Mund bemühte er sich verzweifelt, mir etwas zu sagen: »M… Mi…ch.« Ich hatte keine Ahnung, was er da brabbelte und bat ihn, es noch mal zu versuchen. Wie ein feuerspeiender Drache versuchte er, neben mir wieder Herr seines Mundes zu werden. Als er es endlich schaffte, brachte er das ganze Wort heraus: »Milch!« Dann erklärte er uns entsetzt, dass diese Schärfe bis in die Eingeweide dringe und ihm in seinem langen Leben mit der türkischen Küche so etwas noch nie untergekommen sei. Nachdem er sich erholt hatte, fasste ich mir ein Herz und fragte den Erfinder von »Mexican Tears«: »Welche Soße ist am wenigsten scharf? Dann probiere ich die mal.« Er deutete auf eine grünliche, die ich mit äußerster Vorsicht testete, indem ich zaghaft die Ecke eines Nachos eintauchte. Und was soll ich sagen? Ich spürte die Schärfe in meinem Mund noch am nächsten Morgen! Ungläubig blickte ich den Gründer an und meinte spaßeshalber: »Ein Alleinstellungsmerkmal haben Sie jedenfalls: Diese Schärfe ist einzigartig. Sie sollten aber über einen dazugehörigen Waffenschein nachdenken, falls Ihre Soße zum Bekämpfen der Verwandtschaft eingesetzt werden sollte.« Entschuldigend blickte ich den Gründer an: »Es tut mir leid, doch ich bin raus.« Und nicht nur ich erteilte ihm eine Absage, sondern alle anderen auch. Keiner wollte riskieren, dass die Menschen mit brennenden Mündern unter dem Esstisch lagen. Trotzdem ging der Gründer später seinen Weg und schaffte es, ein erfolgreiches Business auf die Beine zu stellen. Es gibt offensichtlich einen Markt dafür.

Gerne denke ich außerdem an zwei Profitänzer aus einer Schuhmacherdynastie zurück, die den perfekten Tanzschuh entwickelt hatten. Dieser besaß eine tanzbare Wildledersohle, erinnerte aber vom Design an einen Sneaker. Sie zeigten eine mitreißende Tanzperformance und lieferten einen starken Auftritt, danach saßen wir dennoch alle mit ratlosen Gesichtern da. Wer sollte so etwas kaufen? Es war ein Nischenprodukt, mit dem wir keine breite Masse ansprechen konnten. Somit war eine Investition für uns uninteressant, und wir mussten den sonst so überzeugenden Brüdern leider absagen.

Besonders unschön ist es, wenn man eigentlich für ein Produkt brennt, nach einer Investition aber feststellen muss, dass eine Zusammenarbeit mit dem Gründer leider doch nicht funktionieren kann. So passiert bei einer Allergikermatratze, die auf fünfzig Grad erhitzt werden kann, wodurch Milben abgetötet werden oder verhindert wird, dass sie sich überhaupt erst ansiedeln. Ich war begeistert und machte gemeinsam mit Vural Öger und Frank Thelen ein Angebot, auf das der Matratzenentwickler einging. Doch nach der Sendung hatte ich das Gefühl, dass er sich lieber seinem Bettengeschäft widmete, anstatt seine Erfindung ordentlich auf den Markt zu bringen. Als sich unser Eindruck festigte, dass er sich nur nebenbei um sein selbst entwickeltes Produkt kümmern wollte und nicht mit vollem Engagement dabei war, haben wir den Deal platzen lassen. Unschön, aber besser rechtzeitig, ehe zu viele Beteiligte enttäuscht werden. Obwohl es sehr schade ist, wenn Deals im Nachhinein platzen, kann ich für die Gründer in gewisser Weise Verständnis aufbringen. Nicht jeder ist dafür geschaffen, für einen Traum alles andere aufzugeben und in eine gefühlt unsichere Zukunft zu starten. Natürlich kommen Ängste auf: Was, wenn ich scheitere und dafür mein altes Leben hinter mir gelassen habe? Und trotzdem muss ich eindeutig sagen: Halbherziges Unternehmertum funktioniert nicht. Entweder ich gebe Vollgas, stehe komplett hinter meinem Produkt und bringe mich ganz ein, oder ich sollte es sein lassen. Denn so würde es die Herzen der Käufer niemals erreichen.

Das Gründer-Gen

Nicht jeder ist dazu gemacht, aus einer kleinen Idee Großes werden zu lassen. Eigenschaften wie Selbstbewusstsein, Konsequenz und Beharrlichkeit sind mindestens genauso wichtig wie der Glaube an das Produkt. Bill Gates würde nicht dort sein, wo er sich heute befindet, wenn er nicht die Ausdauer besessen hätte, im Alter von neunzehn Jahren jeden Nachmittag in einer Garage an der Entwicklung von Computern zu tüfteln. J. K. Rowling, die sich mit ihren »Harry-Potter«-Romanen auch eine Art Unternehmen erschaffen hat, wäre nicht die gegenwärtig bekannteste Autorin der Welt, wenn sie ihre Geschichten trotz Absagen von Verlagen nicht immer weiter angeboten hätte. Coco Chanel wäre niemals eine der größten Modeschöpferinnen aller Zeiten geworden, wenn sie nicht während ihres eher tristen Lebens in einem klösterlichen Waisenhaus ihre Tante dazu gedrängt hätte, ihr das Nähen beizubringen. Alle erfolgreichen Firmengründer haben eines gemeinsam: Sie haben von Anfang an für ihr Projekt gebrannt. Es gab nichts, was sie mehr wollten, als die Umsetzung ihres Traums!

Die Frage, ob es sich lohnt, dafür alles bisher Gewesene aufzugeben, ist schwer zu beantworten. Jeder hat eine andere Ausgangssituation, jeder ein anderes privates Umfeld. Natürlich kann die Angst vor dem finanziellen Absturz hemmen, die Sorge über die unsichere Zukunft einen ausbremsen oder erst mal den bisherigen Beruf weiter ausüben lassen. Was wiederum dazu führen kann, dass Sie sich auf das neue Projekt nicht voll und ganz konzentrieren können. Es gibt tausend Wege, ein Business aufzubauen, jeder muss für sich den einzig richtigen finden. Jeder Gründer ist anders, jeder hat seine eigene Vision, seine eigene Lebensauffassung, seine eigenen Träume.

Doch ein Traum allein reicht nicht – er kann auch zerplatzen, wenn es keine realistische Grundlage gibt. Unglaublich wichtig ist daher ein Reality Check, der helfen kann, sich über die eigene Ausgangsposition klar zu werden. Erst so lässt sich herausfinden, inwieweit die Produktidee, die einem im Kopf herumschwirrt, wirklich Potenzial hat. Die wichtigsten Fragen zu Beginn lauten: Will das, was ich entwickelt habe, irgendjemand kaufen? Wen will ich damit ansprechen? Erreiche ich damit genug Menschen, oder wird es ein Nischenprodukt bleiben? Als Nächstes gilt es zu klären, inwieweit es schon Konkurrenz auf dem Markt gibt und ob es sich tatsächlich lohnt, ein weiteres Produkt dieser Art herauszubringen. Hat die Konkurrenz bereits Erfolg damit, oder läuft der Verkauf schleppend? Wäre Platz für ein weiteres Produkt dieser Art, oder befinde ich mich mit dieser Idee in einer Sackgasse?

Sobald diese Fragen geklärt sind, gibt eine genaue Kalkulation Aufschluss darüber, ob sich die Weiterentwicklung der Idee lohnt und ob sie tatsächlich realisierbar ist. Was kostet mich die Herstellung? Wie hoch muss der Verkaufspreis sein, damit ich genug Gewinn mache? Wie viel Stück muss ich monatlich verkaufen, damit ich auf Dauer ein Plus verzeichnen kann? Es bringt also nichts, wenn jemand den schönsten Haarreifen der Welt erfindet, ihn aber für so viel Geld herstellen lassen muss, dass er ihn aufgrund des hohen Preises niemals verkaufen kann. Nicht jeder hat betriebswirtschaftlich Ahnung, doch jeder kann sich dieses Wissen aneignen oder Menschen zurate ziehen, die weiterhelfen, beraten und unterstützen können.

Sobald die Grundpfeiler stehen, muss die Marke genau durchdacht werden. Name und Design müssen so gut sein, dass sie das Produkt langfristig tragen. Nichts ist schlimmer, als später, wenn man schon auf dem Markt ist, noch einmal nachzubessern und zu überlegen: Ach, jetzt will ich doch lieber Grün statt Lila. Und nächstes Jahr versuchen wir es mit Pink. Natürlich darf Emotionalität in ein Produkt einfließen, ungut wird es allerdings, wenn das dazu führt, dass am Thema vorbeientwickelt wird. So arbeitete ich tatsächlich schon mit Gründern zusammen, die strahlend erzählten: »Ich habe einfach die ersten beiden Buchstaben der Namen unserer Kinder genommen und hatte den Produktnamen.« Woraufhin ich versuchte, ihnen etwas Wesentliches klarzumachen: »Um Himmels willen, was hat das denn mit dem Produkt zu tun? Ihr müsst euch immer die Frage stellen: Wer sind wir? Wofür stehen wir? Tell them who you are! Sagt euren Kunden, wer ihr seid. Deshalb sollte euer Firmenname eine gewisse Verbindung mit dem haben, was ihr seid oder sein möchtet!«

Eine Marke besteht aus so vielen kleinen Details, die alle berücksichtigt werden wollen und müssen. Das Gesamtpaket muss stimmen, deshalb sollte jeder Schritt gut durchdacht sein. Sobald das Business steht, müssen Gründer wie Investor mit Herzblut voll bei der Sache sein. Ohne die Bereitschaft, im Notfall auch mal vierundzwanzig Stunden am Tag zu arbeiten, kann es nicht funktionieren. Der Gründer eines Start-up-Unternehmens kann nicht einfach sagen: »Jetzt habe ich mal für drei Wochen Urlaub gebucht, weil ich ein halbes Jahr durchgearbeitet habe.« Ich selbst habe in den ersten drei Jahren nach Gründung meiner Firma wenig Urlaub gemacht, weil ich meine Firma nicht allein lassen wollte. Erst als ich das Gefühl hatte, dass es reibungslos lief und ich Mitarbeiter hatte, denen ich zu hundert Prozent vertrauen konnte, buchte ich mal wieder einen Urlaub und tauchte für einige Zeit ab. Diese Kröte muss man schlucken – selbst wenn das anfangs hart ist. Langfristig sollte das Ziel natürlich sein, sich auch regelmäßige Auszeiten zu gönnen. Doch auf dem Weg dorthin gibt es sicherlich einige Entbehrungen, die notwendigerweise dazugehören und erst viel später belohnt werden.

Ich selbst habe in meiner Zeit als Investorin für »Die Höhle der Löwen« unglaublich viel gelernt. Mehr denn je habe ich erkannt, dass die Gründung einer Firma nicht für jeden der richtige Weg ist. Die aber, die dafür geschaffen sind, sollten keine Sekunde lang zögern und für ihren Traum kämpfen. Marc Zuckerberg hat einmal gesagt: »Das größte Risiko ist es, kein Risiko einzugehen. In einer Welt, die sich rasend schnell verändert, ist die einzige Strategie, die zum Scheitern verdammt ist, keine Risiken einzugehen.« Ich habe es nie bereut, ein Risiko eingegangen zu sein. Immer wieder würde ich den Weg in die Selbstständigkeit wählen, weil ich es liebe, Verantwortung zu übernehmen, Veränderungen regelrecht herbeisehne und Fortschritt sowie Wandel liebe. Das, was ich mir selbst immerzu gepredigt habe, gilt für jeden, der mit der Selbstständigkeit liebäugelt: Das, wovor du am meisten Angst hast, musst du dir zu eigen machen. Die einzige Beständigkeit im Business oder auch im Leben ist der Wandel. Permanent suchen wir nach Sicherheit und danach, die Dinge so zurechtzurücken, dass sie für immer Gültigkeit haben. Das einzig Gültige jedoch ist: Erfinde dich neu, lebe den Wandel und suche immer die bestmögliche Veränderung.

Mein Leben hat sich durch die Selbstständigkeit nicht nur deshalb zum Positiven entwickelt, weil ich dadurch eine ungeheure Dankbarkeit und Zufriedenheit verspüre, ich habe auch ungeheuer tolle, amüsante und bemerkenswerte Menschen kennengelernt. Wenn ich heute essen gehe, kann es sehr leicht passieren, dass jemand mit einer Yogamatte zwischen Pizza und Pasta auftaucht, sie auf den Boden legt und sich in die Position des herabschauenden Hundes bringt, um mir die Vorteile dieser einzigartigen, unverwechselbaren neuen Yogamattenkreation vorzuführen. Beim sonntäglichen Spaziergang werden mir quasi wie unter Geheimagenten verschwörerisch Visitenkarten zugesteckt, und mir wird leise zugeraunt: »Frau Williams, ich habe eine millionenschwere Idee, und Sie sind die Einzige, der ich das verraten werde!« Von der Zehentinktur über den Brustvergrößerer bis hin zu Turnschuhen aus vierundzwanzig Karat Gold – es gibt kaum ein Produkt, das der Erfinder in seinem Überschwang nicht als Millionenidee sieht. Die Krönung war eine Frau, die mich neulich abpasste und mich glücklich anstrahlte: »Frau Williams, ist das nicht unglaublich?« Ich blickte sie erstaunt an und wollte wissen: »Was ist denn so unglaublich?« Die Dame strahlte weiter und fuhr fort: »Na einmal, dass ich den weiten Weg hierhergefahren bin und Sie tatsächlich antreffe, und dass ich barfuß in meinen Schuhen vor Ihnen stehe, ohne Schweißfüße zu haben.« »Oh«, erwiderte ich, »das ist ja wirklich ganz wunderbar.« So ganz wusste ich noch nicht, worauf sie hinauswollte – ich ahnte aber schon, dass sicherlich wieder irgendeine Erfindung dahintersteckte. Die Erklärung folgte prompt, denn die Frau stieg aus ihren Schuhen, sodass sie nun barfuß vor mir stand und kündigte die Erfindung des Jahrhunderts an. Sie habe etwas entwickelt, das jeden Menschen für immer von Schweißfüßen befreien würde. Damit hielt sie mir ihre Schuhe vor die Nase und gab einen Blick auf das Innenleben frei. Ich staunte nicht schlecht, denn dort lag eine Damenbinde! Mein Blick sprach wohl Bände, denn die Dame ließ sofort eine Erklärung folgen: »Seit Jahren leide ich unter Schweißfüßen. Von Fußspray über Fußlotion bis hin zu duftenden Einlagen habe ich alles probiert – nichts hat geholfen. Bis mir die Idee kam, zwei Damenbinden«, damit zog sie die obere heraus und eine weitere kam zu Vorschein, »übereinander in den Schuh zu legen. So wird der Schweiß aufgesaugt und keinerlei Gerüche entstehen.« Erstaunt schaute ich die Erfinderin an und versuchte ihr dann vorsichtig beizubringen, dass das sicher eine sehr praktische Sache sei, eine wirkliche Produktidee aber leider nicht. Die Dame musste das einsehen, ich wünschte ihr weiterhin schweißfreie Füße, und wir verabschiedeten uns nett voneinander.

Liebe Erfinder und Erfinderinnen, mit euren Erfindungen, ob sinnvoll oder nicht, habt ihr mir die schönsten Stunden beschert. Ich habe gelacht, ich habe gestaunt, teilweise habe ich mich in eure Produkte verliebt und bin euer bester Kunde geworden, auch wenn ich vielleicht nicht investiert habe. Gebt nicht auf, macht weiter, fragt euer Umfeld nach seiner Meinung und reflektiert euer Produkt. Arbeitet bei allem Auf und Ab des Unternehmertums unaufhörlich an euch selbst und bleibt euch selbst treu. Ein Business auf die Beine zu stellen mit dem Ziel, reich zu werden, ist meines Erachtens der falsche Weg. Entdeckt stattdessen die wahre Leidenschaft in euch und die persönliche Botschaft, die ihr aussenden wollt. Daraus ergibt sich oft viel mehr als nur ein kleines Produkt, das es vielleicht schafft – oder eben nicht. Jeder von euch hat in sich eine ganz eigene, verborgene Welt, die es im Laufe eures Lebens zu entdecken gilt. Unternehmer sein ist eine der aufregendsten Reisen eures Lebens. Wenn ihr dazu bereit seid, dann tretet diese Reise an!

Kapitel 6

Let’s Dance

… denn nichts macht glücklicher, als sich freizutanzen

Soll ich oder soll ich nicht?

Ein finnisches Sprichwort sagt: Tanzen ist Träumen mit den Beinen. Und weil ich so wahnsinnig gern träume, liebe ich es mindestens genauso sehr zu tanzen! Als Kind hatte ich Ballettunterricht und fand es wunderschön, meinen Körper zur Musik zu bewegen. Schon in diesem zarten Alter spürte ich dabei eine ganz besondere Erfüllung. Später wurde ich, da ich ja in einer Karnevalsgegend lebte, begeistertes Funkenmariechen und schmiss die Beine so hoch, wie ich konnte, in den Himmel. Mit fünfzehn folgte ein Tanzkurs für Standardtänze, an den ich mich heute – dreißig Jahre später – absolut nicht mehr erinnern kann. Wenn mein Mann und ich uns also früher bei Festen unter die anderen Tanzpaare mischen wollten, raunte er mir gern vorher grinsend zu: »Das wird wieder eine Katastrophe mit uns beiden. Du kannst dich wieder an keinen einzigen Grundschritt erinnern.« Und dann versuchten wir regelmäßig, zwischen den anderen Tanzenden nicht aufzufallen und uns irgendwie im Takt der Musik hin und her zu bewegen.

Während mir Musik und die Bewegung zur Musik also in der Kindheit und Jugend sehr viel bedeutete, verlor ich im Laufe der Jahre den Zugang, weil ich während des Studiums und des späteren Jobs so stark mit anderen Dingen beschäftigt war, dass das Tanzen und die damit verbundenen Emotionen einfach zu kurz kamen.

Und so saß ich am 3. April 2006 um Viertel nach neun vor dem Fernseher, sah mir die erste Show der Sendung

»Let's Dance« an und dachte: Wahnsinn, da ist sie endlich, die große Showtreppe! Das war etwas, was ich im deutschen Fernsehen schon lange vermisst hatte – eine Bühne, auf der Musik, Tanz und Künstlerisches vereint werden. Begeistert verfolgte ich, wie die Teilnehmer leidenschaftlich tanzen lernten und ihre ganzen Emotionen in diese Sendung einbrachten. Wie gern hätte ich mich in den Fernseher gebeamt, um auch mit von der Partie zu sein. Es gab nur ein klitzekleines Problem: Ich war leider noch keine Prominente, sondern einfach Judith Williams, die auf ihrem Sofa saß, Chips aß und von niemandem gefragt würde, ob sie Lust hätte mitzutanzen. Also verfolgte ich die Sendung über die nächsten Jahre, und immer wenn die Show im Fernsehen lief, träumte ich davon, irgendwann auch einmal dort mitzutanzen. Meine Kollegen von der »Höhle der Löwen« wussten das, denn sie zogen mich regelmäßig amüsiert damit auf. Das Studio von »Let's Dance« liegt direkt neben dem »Löwen«-Studio, und manchmal haben sich unsere Aufzeichnungen mit deren Livesendungen überschnitten. Dann haben meine Kollegen von der »Höhle der Löwen« regelmäßig geunkt: »Wo ist denn die Judith? Ach, die ist wahrscheinlich drüben bei ›Let's Dance‹, hat die Moderatorin in der Toilette eingesperrt und die Sendung übernommen.«

Irgendwann kam die Zeit, in der ich tatsächlich Anfragen für das Format »Let's Dance« bekam. Doch so sehr ich mich freute und so gern ich zugesagt und mir diesen Traum erfüllt hätte, gab es zwei Gründe, die mich insgesamt fünf Mal absagen ließen. Einerseits schaffte ich es nie, eine Teilnahme an der Show in meinem ziemlich straffen Terminkalender unterzubringen. Und so ging mir immer durch den Kopf: Die Kinder, die Familie, die Firma, die Sendungen, meine Verantwortung … Du kannst doch nicht einfach all das vernachlässigen, um durch die Gegend zu tanzen. Andererseits grübelte ich darüber nach, inwieweit die Sendung zu meinem Image passen würde. Die Zuschauer kannten mich aus der Business-Welt, wenig aus einer bunten. Würden sie mich überhaupt in dieser neuen Rolle sehen wollen? Hinzu kamen viele Freunde und Bekannte, die mir abrieten: »Mach das bloß nicht! Du bist nicht mehr in dem Alter, das körperlich zu schaffen. Du hast über zwanzig Jahre keinen Sport mehr gemacht. Das wird dich fertigmachen, dein Image wird kaputtgehen. Du bist die Business-Frau aus dem Fernsehen, da kannst du doch nicht im Fernsehen rumtanzen.«

Die Bedenken der anderen verunsicherten mich, dann aber überlegte ich: Du bist jetzt bereits so lange in einem Bereich, in dem du dich gut auskennst und der dir eine bequeme Wohlfühlsicherheit bietet. Es wird dir guttun, wenn du dich mal aus dieser Komfortzone herausbewegst und dich neuen Herausforderungen stellst. Es muss dir erlaubt sein, die Schublade, in der du steckst, zu verlassen und eine andere Seite von dir zu zeigen. Ich wollte den künstlerischen Teil meines Lebens zurückholen, den ich auf dem Weg in die Business-Welt unterwegs irgendwo verloren hatte.

Mir sind in den letzten Jahren so viele Menschen begegnet, die geklagt haben: »Ich bin so unzufrieden, weil ich in einer Schublade stecke, aus der ich nicht mehr rauskomme. Ich kriege keine neuen Aufgaben, ständig muss ich die Seite von mir zeigen, die ich schon immer von mir gezeigt habe.« Ganz im Gegenteil bin ich fest davon überzeugt, dass es uns Menschen erlaubt sein sollte, aus unseren Schubladen herauszuklettern, wenn wir uns eingesperrt fühlen. Wir alle haben viele verschiedene Talente, die wir ausleben sollten und dürfen, wann immer uns danach ist.

Allerdings ist mir aufgefallen, dass viele Frauen in meinem Alter angesichts größerer Herausforderungen denken: Das kann ich nicht, das passt nicht mehr, es ist zu spät dafür, ich bin zu alt. Sie trauen sich nicht an ihre eigenen Träume heran, sie vergessen, an sich selbst zu glauben, vielleicht weil sie sich selbst nicht mehr spüren. Ich zweifelte ja zunächst auch an mir und grübelte: Judith, du tanzt gern, aber reicht das für »Let's Dance«? Bis mir klar wurde, dass genau da die Herausforderung lag, die ich annehmen sollte. Beruflich hatte ich das erreicht, was ich erreichen wollte – es gab keine Stufen mehr, die ich momentan erklimmen mochte. Doch ich finde es für den Charakter eines Menschen unglaublich wichtig, immer wieder mal auf den Boden der Tatsachen zurückzukehren, bei null anzufangen und quasi ein Nobody zu sein. Ja, das war es, was ich wollte. Mich wieder einmal richtig spüren und an meine Grenzen gehen.

Meine Töchter waren es schließlich, die den letzten Anstoß gaben, an der Sendung teilzunehmen. Sie erklärten mir sehr weise: »Mama, früher bist du immer durchs Haus getanzt, heute gar nicht mehr. Wenn du jetzt nicht mitmachst, dann machst du es nie. Immer bist du für uns da, nun sind wir mal für dich da. Wir drücken dir nämlich ganz fest die Daumen.« Irgendwie hatten die beiden recht, und ich dachte: Du wirst deinen Herzenswunsch nie erfüllen und bei »Let's Dance« mittanzen, wenn du dir die Zeit nicht einfach nimmst. Also habe ich das Unmögliche möglich gemacht, mich terminlich freigeschaufelt und bin von März bis Juni in die Welt von »Let's Dance« eingetaucht.

Aller Anfang ist schwer

Ich war glücklich, als mir Erich Klann als Tanzpartner zur Seite gestellt wurde – ich hatte vom ersten Augenblick an das Gefühl, dass er seine Sache sehr ernst nehmen würde und ich viel von ihm lernen könnte. Allerdings mussten wir uns anfangs erst einmal beschnuppern und brauchten etwas Orientierungshilfe, ehe wir so richtig miteinander warm wurden. Wir hatten wohl beide etwas zu viel Respekt voreinander und sicher auch mit Vorurteilen zu kämpfen. Er dachte: O Gott, das ist so eine kühle Business-Frau, und ich dachte: Oh, das ist so ein stolzer Tänzer. Ein Missverständnis, das nur dadurch aufkam, weil ich vor Erich eine solche Hochachtung hatte, dass ich mich ständig ermahnte: Judith, sei bloß zurückhaltend. Sieh zu, dass du dich nach dem Unterricht schnell aus dem Staub machst und ihn nicht weiter belästigst. Das wiederum führte dazu, dass Erich mich automatisch in die Schublade einer toughen, unnahbaren und berechnenden Business-Frau steckte. Während ich meine Distanziertheit also als Zeichen des Respekts sah, glaube ich, dass Erich sie als Abweisung empfand. Und so war es das Wichtigste, dass wir erst einmal lernten, Nähe aufzubauen.

Leichter gesagt, als getan, denn ich musste mich zunächst an »Eins-und-eins-macht-zwei« gewöhnen: Bisher hatte ich, wenn überhaupt, fast immer allein getanzt. In der Küche, im Badezimmer, mit meinen Kindern …, höchstens mal auf Veranstaltungen mit meinem Mann, wenn wir versuchten, uns nicht gegenseitig auf die Füße zu treten. Jetzt aber musste ich lernen, mich führen zu lassen. Ich, die gern die Zügel in der Hand hält, die alles organisiert, plant und selbst durchführt, sollte auf einmal loslassen und komplett vertrauen? Ich fühlte mich wie jemand, der in ein Schwimmbecken springen sollte, ohne überhaupt schwimmen zu können. Da stand ich also – mit Erich als Tanzpartner, der mir durch Impulse signalisierte, wann ich in welchem Rhythmus welchen Schritt zu setzen hatte. Da wir Frauen heutzutage im Leben oft auch maskuline Parts übernommen haben und die Impulse selbst setzen, statt ständig darauf zu warten, vom Mann welche zu erhalten, bekam ich von Erichs Impulsen überhaupt nichts mit und tanzte einfach so, wie ich es für richtig hielt. Bis er irgendwann aufhörte zu tanzen und mir spaßeshalber drohte: »Wenn du jetzt nicht endlich zuhörst, dann kannst du nächsten Freitag allein vor Herrn Llambi tanzen.« Erstaunt blickte ich ihn an: »Du hast ja gar nichts zu mir gesagt! Zumindest habe ich nichts gehört!« Woraufhin er fassungslos erwiderte: *»Ich* spreche doch nicht mit dir, sondern mein Körper!« Aha, dachte ich, so ist das also beim Tanzen. Mir wurde klar, dass sehr viel Sensibilität erforderlich war, um richtig tanzen zu können. In vielen Situationen unseres Lebens blenden wir unsere feinen Antennen aus, um zielstrebig durch unser durchgeplantes Leben zu hetzen. Jetzt aber war es an der Zeit, innezuhalten und einfach mal zu spüren, welcher Impuls vom Körper meines Tanzpartners kam, und daraus eine Bewegung zu entwickeln. Die Energie des einen wird auf die Energie des anderen übertragen, was für mich eine philosophische Grundvoraussetzung des Lebens aufzeigt. Im Tanzen liegt die Essenz des Lebens. Es entsteht eine positive Art der Abhängigkeit, indem der Mann die Frau sehr behutsam führt und sie dadurch reagiert, was wiederum ihm die Möglichkeit gibt, den nächsten Schritt zu setzen. Er kann nicht ohne sie, und sie kann nicht ohne ihn. Jeder gibt sein Bestes, um daraus etwas ganz Wunderbares entstehen zu lassen.

Nachdem ich das begriffen hatte, wollte ich, dass Erich sieht, wie sehr ich mich bemühte, seinen Anweisungen zu folgen, weshalb ich es mit der Geschwindigkeit ein wenig übertrieb. Und so habe ich das Bein nach rechts geschwungen, den Kopf nach links gedreht und nach rechts und wieder zurück und nach vorne und nach hinten ... Bis es aus Erich herausplatzte: »Hey, warum wartest du nicht auf mich?« Erstaunt fragte ich: »Wieso soll ich auf dich warten?« Und er erwiderte verblüfft: »Ja, weil ich dich führe! Ich setze den Impuls, wann du deinen Kopf nach links drehst und wann du dein Bein nach rechts schmeißt. Das ist ein Miteinander, fühlst du das nicht?« Erst da wurde mir klar: Es ging hier eindeutig weniger um sportliche Aktivität, sondern mehr ums Fühlen. Weil ich aber schon früh im Leben Verantwortung übernehmen musste und es gewohnt war, mich in erster Linie auf mich selbst zu verlassen, hatte Erich ein hartes Stück Arbeit vor sich. Er verbrachte viel Zeit damit, mir einzubläuen: »Du musst mir jetzt blind vertrauen. Sonst können wir nicht harmonisch zusammen tanzen und scheiden aus, bevor Llambi einmal Piep gesagt hat.«

Von da an bemühte ich mich also, mich fallen zu lassen und einfach das zu tun, was mein Tanzlehrer von mir verlangte. Und was soll ich sagen: Es war extrem befreiend. Eine riesige Last an Verantwortung fiel von mir ab, denn ich konnte tatsächlich meinen Verstand ausschalten und nur noch auf mein Herz hören. Zum ersten Mal seit langer Zeit war ich allein für mich selbst verantwortlich – nicht für Mitarbeiter, nicht für meine Kinder, meine Karriere, Verkaufszahlen, Einschaltquoten – einfach für mich selbst. Ein Schritt nach dem anderen führte mich zu mir selbst. Ich versuchte, die Impulse, die Erich mir gab, zu fühlen und gleichzeitig umzusetzen. Na ja, und nebenbei bemühte ich mich verzweifelt, irgendwie einigermaßen gut dabei auszusehen. Je besser es klappte, desto stolzer war ich auf mich – trotz des schwierigen Einstiegs schaffte ich es mehr und mehr, mich fallen zu lassen.

Während sich die anderen »Let's-Dance«-Teilnehmer größtenteils komplett die Zeit der Sendungen freigeschaufelt hatten, musste ich parallel dazu noch ein gewaltiges Pensum meistern. Wie sonst auch ging ich regelmäßig bei HSE24 auf Sendung, drehte eine neue Staffel von »Die Höhle der Löwen«, hatte die üblichen Meetings und Business-Gespräche, und zwischendurch wollte ich natürlich unbedingt Zeit für meine Familie haben. So konnte ich weniger trainieren als die anderen Kandidaten und musste mit Erich oft auf unchristliche Zeiten um Mitternacht ausweichen, um überhaupt intensiv mit ihm proben zu können. Erich richtete sich komplett nach meinem Terminkalender und reiste mit mir dorthin, wo ich gerade zu tun hatte. Es gab eine Woche, in der wir mit Hannover, Karlsruhe, London und Köln gleich vier verschiedene Orte hatten, an denen wir trainieren mussten. Ob in Fitnessstudios, in Gemeindehallen, bei der örtlichen Feuerwehr oder in professionellen Tanzstudios – irgendwo fanden wir immer einen Platz, wo wir üben konnten. Nur die Dauer des Probens variierte – an manchen Tagen schafften wir es, nur drei Stunden zu tanzen, an anderen wiederum gelang es uns, uns acht Stunden Zeit zu nehmen.

Mein Ehrgeiz war inzwischen so erwacht, meine Leidenschaft fürs Tanzen so aufgeblüht, dass ich hohe Maßstäbe an mich selbst setzte. Als mir Erich sagte, bei meinem »Twerken«, also dem Wackeln mit dem Hintern, sei noch Luft nach oben, weil mein Oberkörper zu steif sei, beschloss ich: Verdammt noch mal, das wirst du jetzt lernen. Wenn du etwas anpackst, dann machst du das hundertprozentig. Also stand ich kurz darauf bei einem Tanzstudio auf der Matte und erklärte den Trainern entschlossen, ich wolle lernen, perfekt mit dem Hintern zu wackeln. Und wo ich schon mal da war, belegte ich gleich noch Kurse in Jazz, Dance Hall und Contemporary. Bis mir irgendwann klar wurde, dass ich mir viel zu viel zugemutet hatte und endlich lernen musste loszulassen, anstatt noch mehr zu verkrampfen. Ich musste nicht perfekt sein, um wirklich tanzen zu können. Ich musste lernen, meine Gefühle während der Bewegung, während des Tanzens nach außen zu transportieren, denn: Motion creates emotion! Beim Tanzen geht es neben den richtigen Grundschritten hauptsächlich um Emotionen: Zeige Leid, zeige Freude, zeige Liebe. Doch weil in meiner Business-Welt genau das fehl am Platz war, hatte ich mir jahrelang antrainiert, all diese Gefühle bewusst nicht nach außen zu tragen. Nun hingegen wurde es Zeit, sie wieder zu befreien!

Step by step

Die erste Herausforderung beim Lernen eines Tanzes ist es, sich die richtige Reihenfolge der Bewegungsabläufe zu merken. Nachdem ich begonnen hatte, mit Erich zu trainieren, rannte ich verzweifelt in eine Apotheke und erklärte atemlos: »Ich glaube, ich habe eine beginnende Demenz! Ich kann mir keinen einzigen Tanzschritt merken und habe regelmäßig Blackouts. Geben Sie mir bitte alles, was Sie dagegen haben.« Erst nach und nach verstand ich, dass sich mit jeder neuen Bewegung synaptische Verbindungen in meinem Gehirn aufbauen mussten und es Wochen dauern konnte, bis sich eine Art Routine im Kopf gebildet hatte. Doch es waren ja nicht nur die neuen und ungewohnten Bewegungsabläufe, die mir zu schaffen machten, es gab neben Erinnerungslücken noch ganz andere Hindernisse, die ich überwinden musste.

So hatte ich zum Beispiel ordentlich mit meinem Körper zu kämpfen, der seit vielen, vielen Jahren nicht mehr so gefordert worden war. Ich hatte Muskelkater an Stellen, von denen ich nicht mal wusste, dass dort überhaupt Muskeln existieren. Manchmal wusste ich nicht, wie ich vor lauter Schmerzen die Treppe hochkommen sollte. Meine Füße verwandelten sich nach und nach in Kuhklauen, denn ich hatte plötzlich Hornhaut an Stellen meiner Zehen, an denen ich noch nie welche gehabt hatte. Als ich mich mit Profitänzerinnen unterhielt, grinsten die bloß: »Willkommen im Club. Beim Tanzen wird dein Körper traumhaft, aber deine Füße gehen vor die Hunde.« Und ich kapierte, dass das wohl der bittere Preis war, den ich zahlen musste. Doch wenn ich abends erschöpft und jede Faser meines Körpers spürend ins Bett fiel, fühlte ich mich so unglaublich stark und gut, dass alle Strapazen und Schmerzen vergessen waren. Ein ebenso gutes Gefühl war es erstaunlicherweise, wenn ich im frischen Trainingsanzug in irgendeinem Hotel aufschlug und mich fühlte wie ein Hochleistungssportler. Hey, ich bin der neue Oliver Kahn, schoss es mir bei den Blicken der anderen Gäste durch den Kopf, die wahrscheinlich dachten: Wo ist denn der Hosenanzug von Frau Williams geblieben? Und irgendwie fühlte sich das erstaunlich gut an. Früher dachte ich: Sport ist Mord! Heute rate ich jedem: Beweg dich! Die ersten zwei, drei Wochen ist es ungeheuer schwierig, am Ball zu bleiben. Danach aber setzt ein Gefühl von Das-brauche-ich-jetzt ein. Viel zu oft werden Körper und Geist voneinander getrennt, und erst durch »Let's Dance« ist mir klar geworden, dass die beiden zusammengehören.

Jeder Tanz stellte mich vor eine neue Herausforderung. Die beiden Tänze, die mir am meisten abverlangten, waren Rumba und Salsa. Die Rumba ist ein Paartanz kubanischer Herkunft, und die Besonderheit dieses Tanzes liegt im Spiel zwischen Mann und Frau, bei dem die beiden intensiv umeinander werben, sich wieder bewusst voneinander entfernen, um dann erneut zur Rückkehr gelockt zu werden. Die nonverbale Kommunikation der beiden Tanzenden lässt einen spannenden Flirt entstehen, der die Zuschauer möglichst mitreißen soll. Die Salsa verbindet karibische und europäische Tanzstile und dient dem Werben des Mannes um eine Frau. Das gegenseitige Umkreisen sorgt für Sinnlichkeit und Erotik, die in diesem Tanz im Vordergrund stehen.

Da stand ich also nun mit Erich Nase an Nase und versuchte, diese körperliche Nähe zuzulassen. Nachdem ich sonst im Business immer auf höfliche Distanz gehe, war das eine ziemlich ungewohnte Situation für mich. Aus einer funktionierenden Geschäftsfrau und Mutter sollte plötzlich eine Juanita Gonzalez werden. Erich blickte mich prüfend an und fragte mich: »Hast du was im Auge?« Erstaunt antwortete ich: »Nein, warum?« Worauf er amüsiert entgegnete: »Weil du die ganze Zeit blinzelst. Schau mich an! Du musst näher kommen, davon lebt dieser Tanz. Ich muss dich an dieser Stelle in den Arm nehmen.« Hastig nickte ich, fühlte mich aber dennoch unwohl. Erich spürte das und hakte nach: »Ist dir das unangenehm?« Und ich gab etwas kleinlaut zu: »Irgendwie schon. Ich bin das einfach nicht gewohnt.« Ich versuchte, mich ein wenig zu entspannen, doch als er mich kurz darauf aufforderte, ihn zu umarmen, blickte ich ihn ratlos an: »Und wie genau soll ich dich umarmen?« Erich schüttelte fassungslos den Kopf: »Willst du mir jetzt ernsthaft sagen, du weißt nicht, wie man jemanden umarmt?« Natürlich wusste ich das, allerdings nur bei Menschen, die mir nahestanden und nicht bei einem wildfremden Mann. Und jetzt musste ich ihn auch noch besonders schön und ästhetisch umarmen – und nicht einfach irgendwie. Bis Erich mir klarmachte, dass ich endlich meinen Kopf abschalten sollte, um einfach zu spüren. Es ging nicht um Sexualität, sondern um eine empfindende, haptische Körperlichkeit, die dadurch unendlich reich war, dass durch die Berührung das Empfinden des einen Menschen im anderen widergespiegelt werden konnte. Zunehmend bemühte ich mich, diese ungewohnte Nähe zuzulassen, und wann immer ich zurückzuckte, ermahnte mich Erich: »Nicht blinzeln!« Was mir irgendwann nach sehr zermürbenden Tanzstunden tatsächlich gelang.

Zum Glück gab es auch Tänze, zu denen ich sofort einen Zugang fand und mit denen ich mich sehr wohl fühlte. Der erste Tanz, der mir besonders gefiel, war Contemporary, weil er keine Regeln besitzt. Er erinnert mich ein wenig an die moderne Kunst, bei der alles erlaubt und nichts verboten ist. Mit dem puren inneren Ausdruck spricht dieser Tanz eine reine Seelensprache. Nachdem ich durch Erich gelernt hatte, Emotionen rauszulassen, war dieser Tanz eine Befreiung für mich. Ich habe alles um mich herum vergessen und nur mich selbst gespürt.

Aber auch der Paso Doble löste viel in mir aus, wahrscheinlich weil Erich auf die Idee kam, diesen Tanz durch ein für mich ganz persönliches Highlight zu krönen. Wir hatten uns musikalisch für die »Habanera« aus Carmen entschieden, und als ich während der Tanzstunden permanent mitträllerte, platzte es irgendwann aus Erich heraus: »Wäre es nicht toll, wenn du zu Beginn unseres Tanzes live mitsingen würdest? Das musst du machen!« Obwohl ich unsicher war, schließlich hatte ich meine Profistimme vor vielen Jahren verloren und lediglich vereinzelt auf Benefizgalas gesungen, traute ich mich nicht, dem großen Tänzer Erich Klann zu widersprechen. Meine Angst, ihn durch eine Absage zu enttäuschen, war größer, als vor Millionen von Menschen live zu singen. Und mir wurde klar: Ich musste das jetzt machen. Ich konnte doch Erich schließlich nicht sagen: Ich trau mich nicht. Da musste ich jetzt wohl durch. Also stand ich kurz darauf auf der »Let's-Dance«-Bühne und sang die Habanera aus »Carmen«, während ich gleichzeitig dazu mit Erich tanzte. Durch den Gesang spürte ich den Paso Doble, der eine tänzerische Interpretation des Stierkampfs ist, noch viel intensiver. Ich bin Erich unendlich dankbar, dass er mich zu diesem Schritt, gleichzeitig zu singen und zu tanzen ermutigt hat. In Köln habe ich damals meine Stimme verloren, und viele Jahre später habe ich sie an genau diesem Ort wiedergefunden.

Auch der Tango, den wir zu »Libertango« von Astor Piazzolla performt haben, bedeutete mir viel. Wir bekamen von den Zuschauern Standing Ovations und selbst die Jury stand geschlossen applaudierend auf. Alle drei Mitglieder vergaben jeweils zehn Höchstpunkte, und Motsi Mabuse holte sogar zum Spaß noch eine Eins dazu – quasi elf Punkte von ihr, die es offiziell natürlich gar nicht gab. Die Freude war riesengroß!

Besonders in Erinnerung blieb mir aber unter den Tänzen, die ich am meisten liebte, der Jive, denn bevor ich ihn tanzen durfte, musste ich erst durch eine absolute Verzweiflungswoche. Als mir Erich die Choreografie zeigte, sah ich ihn entsetzt an: »Das sind ja Tausende von Schritten? Wie soll ich mir die denn jemals merken?« Er winkte ab: »Stimmt, doch das schaffst du schon.« Also trainierte ich wie wild und verzweifelte fast daran, während mir Erich immer wieder sagte: »Wenn ich noch mehr Schritte rausnehme, dann stehst du nur noch.« Und ich erwiderte ungläubig: »Ich bin ja nicht blöd. Vom Stehen bin ich so weit entfernt wie eine Giraffe davon, eine Ananas zu sein.« Erich aber blieb dabei: »Der Jive ist so schnell, da musst du durch.« Ich übte also verbissen weiter, und wenn ich abends schlecht gelaunt nach Hause kam und mich meine Familie fragte, wie mein Tanztag war, fluchte ich: »Fragt mich nicht, meine Füße sind kaum hinterhergekommen.« Nach dreieinhalb Tagen dachte ich verzweifelt: Mei, Judith, das musst du noch tausendmal durchgehen, bis es überhaupt ansatzweise sitzt. Und das tat ich dann in meinem Hotelzimmer – immer und immer wieder übte ich die komplizierte Schrittfolge. Sogar auf dem Weg durch den Hotelflur zum Abendessen tänzelte ich die Schrittfolge, was Erich, der hinter mir ging, zum Lachen brachte. Ich rechtfertigte mich: »Das ist ein Tanz für Tausendfüßler und nicht für einen Menschen. Ich kann meine Füße gar nicht so schnell bewegen, wie ich denken muss.« Woraufhin Erich wie selbstverständlich erwiderte: »Ich kann gar nicht glauben, dass du diesen Jive überhaupt tanzen kannst.« Fassungslos blickte ich ihn an: »Wie? Was meinst du damit?« Und er erklärte mir wie nebenbei: »Der Jive, den ich dir beigebracht habe, ist so schnell, dass er sich auf Profiniveau befindet.« Empört meinte ich: »Und das sagst du mir erst jetzt? Einen Tag vor der Sendung? Wo ich dir die ganze Woche sage, du sollst Schritte rausnehmen?« Erich eröffnete mir daraufhin seine Taktik: »Schritte rausnehmen, können wir immer. Aber wenn ich dir das gesagt hätte, hättest du dich niemals so weit gepusht.« Dafür bin ich ihm im Nachhinein unendlich dankbar, denn der Jive wurde ein großartiger Tanz für uns.

Genauso wie unser allerletzter Tanz, der Freestyle zum Song aus dem Musical »Wicked – Die Hexen von Oz«, der für immer in meinem Herzen bleiben wird. Das Lied »Dancing through life« haben wir bewusst ausgewählt, weil es vom Text her perfekt das Leben und das Tanzen miteinander vereint:

Dancing through life
No need to tough it
When you can slough it off as I do
Nothing matters
But knowing nothing matters
It's just life
So keep dancing through

Denn genau so ist es: Wir machen uns im Leben Tausende von Gedanken über alles Mögliche, doch oft sind diese Gedanken völlig sinnlos, weil wir die Dinge ohnehin nicht beeinflussen können. Lieber sollten wir durchs Leben tanzen und es wirklich genießen. Bei diesem Tanz spielte ich die grüne Hexe, die sich einsam und verlassen fühlt. Erich rettete mich und sang ein Lied für mich, woraus ich als Hexe eine Stärke entwickelte, die mich zu mir selbst finden ließ. Zum Abschluss ertönte das Lied »For Good«, das einen unglaublichen Text übers Leben besitzt und für mich so viel aussagt: Menschen kommen aus einem ganz besonderen Grund in dein Leben. Sie bringen etwas mit, das wir lernen müssen, und wir werden bewusst zu ihnen geführt, weil sie uns am meisten helfen können zu wachsen.

To those who help us most to grow
If we let them
And we help them in return
Well, I don't know if I believe that's true
But I know I'm who I am today
Because I knew you

Für Erich und mich bedeuteten diese Textzeilen: Ich habe Erich erlaubt, mich zu lehren und mich auf ihn eingelassen. Er hat seine Kunst, das Tanzen, völlig selbstlos mit mir geteilt. Wir haben drei Monate unseres Lebens miteinander verbracht, von morgens bis abends mit unserem Körper, unserem Geist und unserer Seele gearbeitet, um etwas auszudrücken, das andere Menschen emotional berühren soll. Auch ich konnte ihm etwas zurückgeben und durch die gemeinsame »Let's-Dance«-Reise wurden wir zu dem gemacht, was wir heute sind. Die Worte trafen uns beide mitten ins Herz – und deshalb war das einer unserer emotionalsten Tänze.

Die Punkte bitte

Mit Kritik konnte ich in meinem bisherigen Leben immer ganz gut umgehen. Gerade im Job habe ich sie stets als Ansporn und als Möglichkeit gesehen, Dinge zu ändern und zu verbessern. Bei »Let's Dance« hingegen erlebte ich Kritik als bitter – sie nagte sehr an mir. Als die Staffel startete, ging die Jury davon aus, dass ich, weil ich als Kind Ballett getanzt hatte, mit allen wichtigen Grundvoraussetzungen und nötigem Wissen zum guten Tanzen ausgestattet sei. So hieß es anfangs regelmäßig: »Schöne Beine und gute Haltung sind wir ja von dir bereits gewöhnt …« Was ich als unfair empfand, denn wer erinnert sich schon an Ballettstunden aus Kindertagen? Ich hatte mir Beinarbeit und Haltung vor den Sendungen hart mit Erich erarbeitet, der mich ständig ermahnte: »Streck die Füße, denk an die Beine«. In der ersten Sendung bekam ich gleich siebenundzwanzig Punkte, was ich im Nachhinein als Nachteil empfand. Denn wer auf hohem Niveau startet, muss extrem hart dafür kämpfen, dort oben zu bleiben. Das tat ich natürlich, aber wie bei allen anderen Kandidaten auch gab es eben Tänze, die mir mehr lagen, und welche, mit denen ich mich schwertat.

Trotzdem trainierten Erich und ich jedes Mal sehr hart, und umso frustrierender war es, wenn ich enthusiastisch getanzt und Erich mich leidenschaftlich durch die Luft gewirbelt hatte, vor der Jury zu stehen und ein negatives Urteil zu bekommen. Da saßen dann drei Leute vor dir, die dir direkt ins Gesicht sagten: »Du bist zu unerotisch, zu verbissen, zu angespannt.« Ich hatte mein Herz auf dem Silbertablett serviert und war dadurch sehr verwundbar geworden. Kritik an einem emotionalen Tanz ist etwas anderes als an einem nicht ganz so sauber geputzten Fußboden. Wenn jemand zu mir sagt: »Judith, das Parkett glänzt mir nicht gut genug«, dann zucke ich mit den Schultern, schnappe mir meinen Wischmopp und putze noch mal drüber. Wenn mir aber jemand sagt: »Ich habe überhaupt nichts gespürt, als du getanzt hast«, dann zweifle ich ehrlich an mir.

Zur Selbstwahrnehmung kam also plötzlich die Fremdwahrnehmung hinzu, und erstaunt musste ich feststellen: »Oh, irgendwie habe ich mich ganz anders wahrgenommen.« Es war also an der Zeit, sich selbst zu reflektieren und zu akzeptieren, was die Jury gesagt hatte. Um danach – was soll ich sagen? – jedes Mal am Boden zerstört zu sein. Tanzen ist Emotion pur, und wie sollte es mir gleichgültig sein, wenn ich während des Tanzens mein Herz geöffnet hatte und Herr Llambi anschließend sagte: »Du hast mich nicht abgeholt, dein Tanz hat mich total kalt gelassen.« Eine schmerzhafte

Erfahrung, die ich bisher so nicht gekannt und die ich in meiner eigenen Rolle als Jurymitglied für die Gründer immer vermieden hatte. Niemals würde ich in der Show »Die Höhle der Löwen« zu jemandem sagen: »Sie sind unerotisch.« Stattdessen würde ich Worte finden wie: »Ich hatte das Gefühl, es ist Ihnen schwergefallen, die Erotik in Ihrem Auftritt zu transportieren.« Doch nun stand ich da nach jeder harten Kritik, die mich als Frau sehr traf, und musste an mein eigenes Selbstbewusstsein appellieren: Du darfst nicht aufhören, an dich zu glauben! Und genau das ist es, was ich in den Wochen und Monaten von »Let's Dance« gelernt habe. Nicht umsonst heißt es: Der Glaube an sich selbst kann Berge versetzen.

Natürlich gab es Kritik, die ich wirklich nachvollziehen konnte und aus der ich zu lernen versuchte, aber es gab eben auch Bewertungen, die ich wirklich unfair fand. Für meine Salsa gab mir Herr Llambi genauso wenig Punkte – nämlich vier an Zahl – wie Chakall, einem großartigen Menschen und Koch, tänzerisch aber meiner Ansicht nach mit zwei linken Beinen ausgestattet. Nach jeder Kritik habe ich mich hinterfragt und mir erhofft, außerhalb der Sendung Rat von der Jury zu bekommen, doch dazu kam es leider nicht wirklich. Irgendwann wandte ich mich an Herrn Llambi und fragte, was ich besser machen könne. Und er, der wie alle anderen die Business-Frau in mir sah, antwortete: »Du musst dich aufmachen!« Womit er eindeutig recht hatte und was ich danach auch wirklich versuchte. Ich bewegte mich raus

aus meiner Komfortzone und bemühte mich, die Kritik, genauso wie im Job, in etwas Positives umzuwandeln.

Es gibt Menschen, für die ist es schwierig, jemanden auf einer Dinnerparty anzusprechen oder vor einer größeren Gruppe eine Rede zu halten. Sie bekommen Schweißhände vor Angst und sind vollkommen verunsichert. So ähnlich fühlte es sich für mich an, meine Emotionen vor Millionen von Menschen herauszulassen. Die gesamte Staffel über hatte ich vor jeder Sendung mit wahnsinnigem Lampenfieber zu kämpfen und wäre freitagabends am liebsten zu Hause auf dem Sofa sitzen geblieben. Und jedes Mal war ich gleichzeitig unendlich stolz auf mich, wenn ich mich wieder getraut hatte. Dann schaute ich samstagmorgens in den Spiegel und dachte: O Gott, ich habe es überlebt! Wie habe ich das bloß gemacht? Nach jedem Auftritt und jeder Kritik war ich innerlich ein Stück gewachsen, was mir ein unglaubliches Glücksgefühl gab. Je härter die Kritik, desto härter trainierten wir. Wir leckten unsere Wunden und machten uns danach gestärkt an die Arbeit. Das Leben ist eine Aneinanderreihung von Momenten, in denen man einfach durchhalten muss. Doch das Schöne am Tanzen ist in dieser Hinsicht, dass selbst die bitterste Kritik durch die Schönheit der Musik und der Bewegungen ausgeglichen wird.

Weil ich keinen Mitleidsbonus wollte, verschwieg ich der Jury und meinen Mitstreitern, dass ich zwischendurch eine kleine, aber ziemlich schmerzhafte Verletzung hatte. Ungefähr in der Mitte der Staffel hatten

Erich und ich eine wilde Hebefigur ausprobiert, bei der ich zu Boden geknallt bin. Danach tat mir der große Zeh ziemlich weh. Beim Röntgen am nächsten Tag kam dann heraus, dass er gebrochen war. Jeder Tanzschritt in den folgenden Tagen war eine Qual, und ich schluckte Schmerzmittel, um irgendwie klarzukommen. Der Slowfox stand an, und wir überlegten, die Jury vorzuwarnen, dass ich nicht ganz auf der Höhe war, entschieden uns jedoch dagegen. Wir würden trotzdem alles geben und hoffen, dass man uns mein kleines Zehenproblem nicht anmerken würde. Was wir nicht bedacht hatten: Die Schmerzmittel ließen mich etwas träge und müde werden, sodass der Slowfox eindeutig seine Schwächen hatte. Herr Llambi urteilte danach: »Am liebsten würde ich dich die Sache noch einmal tanzen lassen. Ich weiß, du kannst das besser. Da waren so einige Hacker. Das passiert euch normalerweise nicht.« Damit hatte er absolut recht, und ich beschloss daraufhin, den Schmerz nicht länger zu unterdrücken. Weg mit den Schmerzmitteln, da musste ich jetzt einfach durch. Kurzerhand habe ich mir den Zeh dann einfach tapen und für die nächsten Wochen regelmäßig betäuben lassen – das war die vorübergehende Rettung. Und so tanzte ich den Rest der Staffel mit einem gebrochenen Zeh. Wenn wir mal eine nicht so gute Kritik bekamen, war Erich drauf und dran, von meiner Verletzung zu erzählen. Doch jedes Mal hielt ich ihn davon ab: »Erich, wir werden nichts und niemandem erlauben, uns die Freude am Tanzen zu nehmen.« Und so biss ich die Zähne zusammen und tanzte weiter. Ich denke, es war die richtige Entscheidung.

Hinter den Kulissen

»Let's Dance« ist ein Sammelsurium von Menschen unterschiedlichster Art: A-Promis, B-Promis, C-Promis, Jüngere, Ältere, Dickere, Dünnere, Köche, Schauspieler, Sänger … Manche der Teilnehmer kannten sich vorher bereits, ich lernte sie alle erst dort kennen. Meine größte Sorge zu Beginn der Sendung war, dass es gerade unter den Frauen Konkurrenzdenken geben könnte und eine private Ebene somit nicht möglich wäre. Umso glücklicher war ich, als ich meinen ersten Auftakttanz mit Charlotte Würdig und Iris Mareike Steen vortragen durfte, denn beide waren mir auf den ersten Blick wahnsinnig sympathisch. Von Stutenbissigkeit keine Spur. Beide haben das Herz am rechten Fleck und waren mindestens so aufgeregt wie ich. Schon bald gründeten wir eine What's-App-Gruppe mit dem Titel »Blue Elsa«, da wir bei unserem gemeinsamen Tanz blaue Kostüme wie Prinzessin Elsa aus dem Disney-Film »Die Eiskönigin« trugen. Wenn wir unter der Woche in unterschiedlichen Städten mit unseren Tanzpartnern trainierten, tauschten wir uns regelmäßig aus: »Ich kann mir die Schritte einfach nicht merken. Ich habe so einen Muskelkater. Ich hasse diesen Tanz!« Und sofort fühlten wir uns ein kleines Stückchen weniger einsam, wenn wir alle Sorgen, alle Strapazen, alles Glück und alles Leid miteinander teilten.

Insgesamt befanden wir Teilnehmer uns gemeinsam in einem Vakuum, in dem wir alle zur selben Zeit das Gleiche erlebten. Das schweißte zusammen, und so etwas wie gesellschaftlicher Status existierte hier nicht. Wir waren alle gleich – heruntergebrochen auf die Welt des Tanzens. Am Anfang der Staffel fühlte es sich an wie eine kleine Familie, doch dann, sobald das Konkurrenzdenken dazukam, schwand die Nähe, und es menschelte auch hier. Was aber völlig normal ist und dazugehört – denn jeder von uns wollte nun mal gewinnen.

Neben den Teilnehmern gibt es natürlich noch so viele andere Menschen, die an dieser Sendung mitarbeiten und sie auf unglaubliche Weise zu dem machen, was sie ist. Allen voran die unglaublichen Tänzer, die in meinen Augen eigentlich die wahren Prominenten sind. Sie alle müssen ein bisschen verrückt sein, um auf dieses herausragende Tanzniveau zu kommen. Viele von ihnen haben einiges dafür aufgegeben, um so tanzen zu können. Erich beispielsweise hat dafür sehr, sehr viel geopfert und wurde schlussendlich damit belohnt, dass er auf dem neunten Platz der Weltrangliste für lateinamerikanische Tänze gelandet ist. Wenn er loslegt, könnte ich ihm stundenlang zuschauen und die Welt um mich herum vergessen.

Ebenfalls die wunderbaren Make-up-Artists, die uns vor jeder Sendung die Haare frisierten und uns schminkten, bleiben mir unvergessen. Ich liebte das hektische

Gewusel vor und während der Sendungen, bei denen sie mit Haarspraydosen vorbeieilten, Lidstriche nachzogen oder noch schnell ein paar Beine bräunten. Ich kam mir vor wie in einer kunterbunten Zirkuswelt voller Menschlichkeit. Nicht zu vergessen die unglaubliche Kostümchefin Katja Convents, die jeweils am Anfang der Woche erfuhr, welche Paare welchen Tanz zu welchem Thema und welcher Musik vortragen würden und innerhalb kürzester Zeit Kostüme entwarf und herstellte – sie wurde wegen ihrer Kreativität und ihrer Effizienz von allen bewundert. Selbst die Securityleute ließen sich vom Thema Tanzen anstecken und fragten gern mal neugierig, welcher Tanz in der kommenden Woche anstehen würde. Vom Requisiteur, der die Blume besorgte, die ich werfen sollte, bis hin zum Beleuchter waren alle ein liebevoller Teil dieser Sendung. Mit viel Leidenschaft, Freude und Engagement wollten wir alle, dass die Show gut funktionierte und zu etwas ganz Besonderem wurde.

Und auch mein Verhältnis zu Erich wurde von Show zu Show vertrauter. Nachdem wir unsere kleinen Startschwierigkeiten überwunden hatten, konnten wir uns irgendwann bestens unterhalten, emotional einander öffnen, miteinander lachen und weinen. Erich lebt für das Tanzen und alles, was er mir darüber beigebracht hat, ist so unglaublich tief und philosophisch, dass ich mich für den Rest meines Lebens bereichert fühle. Zu Beginn unserer Reise sagte er zu mir: »Ich werde dir die Welt des Tanzens zeigen, aber du musst mir vertrauen.«

Und ich dachte: Was für ein komischer Spruch: Du musst mir vertrauen. Ich gab ihm ja nicht die Geheimnummer meiner Kreditkarte oder so etwas in der Art. Doch je mehr Zeit wir miteinander verbrachten, desto mehr verstand ich, was er meinte. Ich musste ihm ein Stück meines Lebens anvertrauen. Wenn er mich hochwarf, zurückfallen ließ und wieder auffing, war es wichtig, fest davon überzeugt zu sein, dass er immer zuverlässig an meiner Seite war. Und von dem Moment an, ab dem ich ihm blind vertraut habe, habe ich mich ihm gegenüber absolut geöffnet. Es gab nichts mehr, was zwischen uns stand, er wurde Freund und Vertrauter. Ich fühlte seine Impulse, hörte auf seine Worte und befolgte seine Ratschläge.

Immer wenn ich zweifelte, wie ich das alles schaffen sollte, erinnerte er mich daran: »Judith, du gibst einfach dein Bestes und schickst es dann ins Universum. Und das erledigt den Rest.« Wenn mein Körper vor lauter Training schmerzte, erklärte er mir: »Jeder, der etwas sehr Schönes fabrizieren will, muss leiden. Die großartigsten Dinge entstehen durch vorheriges Leid.« Als wir einmal zu früh in einem Londoner Hotel ankamen und noch nicht auf unsere Zimmer konnten, setzten wir uns in die plüschigen Sessel an der Rezeption, und Erich erzählte mir, wie bereichernd das Tanzen für ihn sei. Er sagte, er blicke als Tänzer in die Welt hinaus und habe den Wunsch, die Menschen aufzuwecken. »Ich habe das Gefühl, viele von ihnen leben wie unter einem Schleier. Sie nehmen die echten, wahren Emotionen gar nicht wahr. Ihnen fehlt oft das so wichtige Miteinander.« Erich träumte und träumt davon, alle Menschen durch das Tanzen wachzurütteln und sie dadurch glücklicher werden zu lassen. Und ich überlegte, ob mich das Tanzen schon wachgerüttelt hatte, was ich eindeutig mit »Ja« beantworten konnte. Die Innigkeit, die mich mit den Menschen, die mir etwas bedeuten, schon immer verband, war durchs Tanzen noch intensiver geworden.

Erich ist es ebenfalls sehr wichtig, dass sich Männer durch das Tanzen wieder selbst spüren lernen. Dass sie, indem sie die Führung übernehmen, dazu gebracht werden, im Leben wieder einmal in die Rolle des Gentleman zu schlüpfen – die heute leider teilweise in Vergessenheit geraten ist. »Führung bedeutet ja nicht, dass der Mann Befehle gibt. Sondern Führung bedeutet, eine Frau durch feine Impulse dazu zu bringen, dir dorthin zu folgen, wo du hingehst – allein dadurch, dass sie dir vertraut«, sagte er, und mir wurde klar, dass er völlig recht hatte. Die sensiblen Facetten des Tanzens sind sowohl für Männer als auch für Frauen ein emotionaler Blumenstrauß.

Ein besonderer Moment für Erich und mich war das gemeinsame Training im Londoner Pineapple-Tanzstudio. Mit einhundertachtzig Kursen von Ballett über Contemporary, Dance Hall und Jazz bis hin zu Hip-Hop war alles dabei, was man sich nur vorstellen konnte. Als Erich und ich unsere Koffer durch den Eingang rollten und das Tanzstudio vor uns lag, fragte er mich: »Judith, was fühlst du hier?« Und ich antwortete glücklich und beeindruckt: »Ich fühle mich so lebendig wie noch nie.« Ich sah mich um, blickte auf all diese Menschen, die durch ihre Leidenschaft fürs Tanzen zusammengeführt worden waren und sah in ihnen einen Regenbogen des Lebens: von dunkel über hell, von eleganten Menschen über Straßentänzer, von Kindern bis Senioren – es war alles dabei. Ich empfand diese Welt als pure Schönheit! Als wir das Training beendet hatten, stellten wir uns an den Rand und beobachteten die Leute, die ein- und ausgingen. Wir waren so begeistert von der inspirierenden, kunterbunten Welt, dass Erich feststellte: »Ich möchte am liebsten hier stehen bleiben, bis alle gegangen sind.« Und das taten wir dann auch, zumindest eine Weile lang.

Unsere Freundschaft wurde so tief, dass wir sogar gemeinsam mit unseren Familien eine Woche in einem Hotel in Innsbruck verbrachten, um teils in unserer Firma zu arbeiten und wann immer es ging, für »Let's Dance« zu trainieren. Mein Mann, unsere Töchter, Erich, seine Frau Oana Nechiti und deren gemeinsamer fünfjähriger Sohn – was für eine Großfamilie. Diese Work-Life-Balance war wirklich großartig!

And the winner is …

Die ganze Zeit über haben Erich und ich nicht übers Gewinnen gesprochen, sondern versucht, Woche für Woche weiterzukommen. Schritt für Schritt strebten wir danach, jede Hürde zu meistern und selbst stolz auf uns zu sein. Als wir ins Halbfinale kamen, feierten wir begeistert bis morgens um fünf, obwohl wir schon um sechs Uhr wieder abgeholt wurden, um zum Flughafen zu fahren und nach London zu fliegen. Aber das war uns egal, so sehr freuten wir uns über unseren Erfolg.

Als wir schließlich im Finale standen, wollten wir auch gewinnen. Wir hatten in den letzten Tänzen alles gegeben und uns auf diese Weise bei den Zuschauern dafür bedankt, dass wir durch ihre Wahl so weit gekommen waren. Doch am Ende reichte es leider nicht, Ingolf Lück, der eine riesige Fanbase hatte, nahm den Pokal mit nach Hause. Natürlich waren wir enttäuscht, aber uns war zugleich klar, dass wir so viel gewonnen hatten, was uns keiner mehr nehmen konnte: wunderbare Erfahrungen, unglaubliche Emotionen, tolle Freundschaften und ich natürlich die große Liebe zum Tanzen.

Am Anfang hatte ich zögernd auf den Weg geblickt, den ich mit »Let's Dance« einschlagen wollte, und daran gezweifelt, ob ich es schaffen würde, ihn zu gehen. In dem Moment, als ich beschlossen hatte, da durchzumarschieren, begann ich, mich zu bewegen. Durchs Tanzen habe ich aus einer kleinen Bewegung eine große werden lassen, die mein ganzes Leben beeinflusst hat und weiter beeinflussen wird. Zum ersten Mal habe ich wirklich meine Seele gefühlt und dadurch ganz bewusst zu mir gefunden.

Mir ist klar geworden, dass wir Frauen uns viel öfter erlauben sollten, nicht perfekt zu sein. Denn um Perfektion geht es viel weniger als um das, was wir fühlen und ausstrahlen. Durch das Tanzen finden wir zu einer Urweiblichkeit zurück, die uns aufleben lässt. Jeder sollte die Möglichkeit haben, davon zu profitieren. Schon in der Schule sollte es das Fach »Tanzen« geben, damit es alle von Grund auf lernen können. Tanzen sollte ein Volkssport wie Fußball werden, denn meiner Meinung nach wären alle Menschen glücklicher, wenn sie miteinander tanzen würden. Sie müssten sich zuhören, ohne zu sprechen, und sich nur auf die Sprache der Seele konzentrieren.

In all den Jahren musste ich als Business-Frau viele weibliche Eigenschaften hintanstellen. Erotik? Absolut fehl am Platz! Emotionen? Unerwünscht. Nun aber durfte ich plötzlich all das aus meinen tiefsten Untiefen herauskramen und mich trauen, die Frau in mir hervorzuzaubern. Und dabei habe ich die wunderbare Erkenntnis erlangt: Unabhängig von Alter, Geschlecht, Größe, Gewicht oder Hautfarbe – tanzen macht sexy! In mir jedenfalls wurde ein Feuer entfacht. Ich bin süchtig nach Tanzen, und ich glaube, dies war erst der Auftakt meiner tänzerischen Reise. Ich werde mich mit meinem Mann in einem Münchner Tanzsportverein anmelden und tanzen, was das Zeug hält. Auch wenn wir in unserem Alter tatsächlich schon der Seniorenabteilung angehören. Ist mir doch egal! Hauptsache ich kann weiterhin tanzen und dabei dieses unendliche Glücksgefühl verspüren!

Kapitel 7

Bleib dir treu

… und hör auf
dein Bauchgefühl!

Eine Rettung in drei Akten: Akt 1 – Der Verlust

Die bisherige bunte Reise meines Lebens hat mich geformt, geprägt und zu dem gemacht, was ich heute bin. Ich musste Hürden überspringen und Rückschläge einstecken, um daran zu wachsen, zu mir selbst zu finden und mit der Zeit immer stärker auf mein Bauchgefühl zu hören. Vieles in meinem Leben ist mir gelungen, und ich bin stolz darauf, einige sehr richtige Entscheidungen getroffen zu haben. Meine Intuition hat mich immer gut geleitet, und ich bin froh, ihr vertrauensvoll gefolgt zu sein.

Umso stärker hat es mich getroffen, als ich kürzlich feststellen musste, dass mich mein Bauchgefühl plötzlich und unerwartet für einen Moment verlassen hatte. Die Konsequenzen daraus, die verzweifelte Suche nach meiner verlorenen Intuition und das glückliche Wiederfinden kann ich anhand eines Erlebnisses schildern, das ich Ihnen auf keinen Fall vorenthalten möchte:

Vor Kurzem sagte mir meine innere Stimme wieder einmal, wie ich bei einem wichtigen Projekt zu handeln hätte. Doch wichtige Business-Männer, renommiert und anerkannt, redeten entschlossen auf mich ein: »Judith, so können wir das auf keinen Fall machen. Vertrau uns einfach, wir kümmern uns und wissen schon, was am besten ist.« Okay, dachte ich, denen kann ich ja jetzt schlecht mit meinem Bauchgefühl kommen und darauf bestehen, dass wir nicht ihrem Verstand, sondern meinem Herzen folgen sollten. Die sind erfahrener und angesehener als du, die werden schon wissen, was sie tun. Statt also zu protestieren und einzufordern, dass wir die Sache auf meine Weise handhaben, ließ ich mich überreden und vertraute ihnen. Mein Weg wäre ein unbequemer gewesen, der in meinen Augen jedoch langfristig zum Erfolg geführt hätte. Sie wählten die einfachere Vorgehensweise, unser gemeinsames Business ging den Bach hinunter, und wir verloren sehr viel Geld.

Mit diesem bedrückenden und traurigen Gefühl eines Tiefschlags fuhr ich mit meiner Familie in den Italienurlaub und grübelte darüber nach, wie mir so etwas hatte passieren können. Immer wieder fragte ich mich, ob der Misserfolg meine Schuld war, um dann allerdings festzustellen: Nein, Menschen haben unterschiedliche Werte. Du hast den falschen Leuten vertraut, und das kannst du jetzt nicht mehr rückgängig machen. Konzentrier dich ganz fest auf das, was dich ausmacht, und finde heraus, wie du es in Zukunft besser einsetzen kannst. Um den Kopf freizubekommen, widmete ich mich mit meinem Mann Alexander und unseren beiden Töchtern dem wunderbaren, alten Haus, das wir in Italien erst kürzlich gekauft hatten. Außen prunkvoll und mit einer ganz besonderen Ausstrahlung, innen schon leicht verrottet und voller Müll vom vorherigen Besitzer. Als wir zum ersten Mal in der Villa standen, verschlug es uns die Sprache. Ich sah es direkt vor mir, was wir aus diesem maroden alten Haus mit viel Liebe alles würden machen können, und mein Mann verliebte sich augenblicklich in sämtliche Antiquitäten, die vermutlich seit Generationen die

Räume schmückten und eine ganz besondere Geschichte erzählten. Bedingung für den Kauf war, dass es in diesem Zustand übernommen werden musste – mit sämtlichem Plunder und Krempel. Als wir den guten Preis hörten, mussten wir nicht lange überlegen und sagten sofort zu.

Da wir aufgrund des chaotischen Zustands noch nicht in unserem neuen Domizil wohnen konnten, hatten wir uns ein Hotelzimmer in der Gegend gebucht und wollten unsere neue Urlaubsheimat erkunden. Giuseppe, der langjährige Hausmeister der Villa, dessen Dienste wir netterweise mit übernehmen durften, kündigte an, im Haus ein wenig aufzuräumen. Und weil ich mich von meinem gerade erlebten beruflichen Misserfolg noch erschöpft und niedergeschlagen fühlte, sehnte ich mich plötzlich nach Ablenkung, nach körperlicher Anstrengung und nach einer Aufgabe. Deshalb erklärte ich meinem Mann und unseren Töchtern kurzerhand: »Wisst ihr was? Die Gegend erkunden und uns erholen können wir später, jetzt krempeln wir erst einmal die Ärmel hoch und räumen hier auf!« Also informierte ich Guiseppe darüber, dass wir selbst tätig würden, und stand kurz darauf mit Alexander, Sophia und Angelina in dem alten Gemäuer. Wir liefen ehrfürchtig über die knarrenden, alten Bodendielen, duckten uns unter ausladenden Spinnweben weg und wichen auseinanderfallenden, schiefen Möbelstücken aus, an denen seit langem der Zahn der Zeit nagte. Fast ein wenig ängstlich blickten sich unsere Töchter um, und ich versuchte, ihnen die anstehenden Aufgaben ein wenig schmackhaft zu machen: »Mädels, das hier ist wie ein riesengroßer Abenteuerspielplatz. Schaut euch um, erforscht alles und werft weg, was nicht mehr gebraucht wird. Hier sind die Mülltüten. Los geht's!« Eifrig machten sich Sophia und Angelina an die Arbeit, und auch Alexander und ich begannen mit dem Entrümpeln. Wir wühlten uns stundenlang durch alte Bettwäsche, Matratzen, Geschirr und Töpfe, räumten, werkelten und kramten, bis wir am Ende völlig erschöpft vor einem riesigen Müllberg saßen und ich lachend ein Selfie von uns schoss – so witzig sah das aus. Und dabei dachte ich glücklich: Judith, schau mal, die einfachsten Arbeiten der Welt sind es, die uns Menschen wieder zurück auf den Boden holen. Weil es mir durch das Anpacken emotional schon wieder wesentlich besser ging, beschloss ich: Anstatt hier eine Putzkolonne zu beauftragen, machen wir einfach alleine weiter. Also haben wir die Kinder am nächsten Morgen um sieben Uhr geweckt: »Aufstehen, wir gehen jetzt Putzzeug kaufen!« Wir setzten uns mit ihnen ins Auto und fuhren zum Familia Superstore, einem italienischen Supermarkt, in dem es nicht nur Lebensmittel, sondern so ziemlich alles gibt, was man braucht. Wir luden unseren Einkaufswagen mit Putzutensilien und Duftkerzen voll, dann rasten wir zurück in unser Haus und begannen, sämtliche Böden, Schränke, Bäder und die Küche zu wienern. Bis die Kinder abends völlig erschöpft vor mir standen: »Mama, uns tun die Beine so weh. Wir haben irgendeine Krankheit!« Lachend erklärte ich ihnen, dass die Krankheit »Anstrengung«

hieß: »Das ist richtige, körperliche Arbeit, die ihr hinter euch habt. Da seht ihr mal, wie es einem Straßenarbeiter oder einer Putzfrau geht, die das jeden Tag leisten müssen.« Die Mädchen zeigten mir ihre Blasen an den Füßen und ihre aufgeweichten Finger, ich verarztete sie und rückte erst dann mit der Neuigkeit heraus: »Übrigens, morgen fahren wir in den Baumarkt und besorgen den Rest.« Und obwohl wir alle völlig kaputt waren, jubelten die Kinder, denn auch ihnen schien die gemeinsame Arbeit an unserem Projekt neben der Erschöpfung auch viel Positives zu geben.

Am nächsten Tag besorgten wir von einem Staubsauger, über eine Kabeltrommel bis hin zu Glühbirnen so ziemlich alles, was uns zum Fertigstellen des Hauses noch fehlte. Wieder machten wir uns engagiert an die Arbeit, um am Ende des Tages stolz unser Werk zu betrachten und uns darüber zu freuen, was wir in so kurzer Zeit alles geschafft hatten. Wir setzten uns auf die Terrasse, stießen auf unser neues Heim an, und Alexander stellte lachend fest: »Also das ist ja vielleicht ein Urlaub. Statt uns zu erholen, räumen wir herum und putzen.« Und während wir uns darüber amüsierten, lagen die Kinder in ihren Sonnenliegen und unsere Hündin Sissi erkundete übermütig ihren neuen Garten. Wir fühlten uns wie im Paradies.

So hätte ich ewig dasitzen und glücklich sein können, als ich plötzlich aus der Ferne einen merkwürdigen, winselnden Klagelaut hörte. Kurz wunderte ich mich, ignorierte das Geräusch jedoch – bis Sophia auf einmal vor mir stand und besorgt feststellte: »Die Sissi ruft.« Die Sissi ruft?, wunderte ich mich, stand auf und schaute mich suchend nach ihr um. Die gesamte Familie war in Alarmstimmung versetzt, hielt Ausschau nach ihr und rief ihren Namen. Doch sobald wir riefen, war Sissi still – weshalb Alexander und ich den Kindern erklärten: »Wir müssen leise sein, erst dann wird Sissi wieder anfangen zu bellen und zu winseln.« Also schlichen wir stumm durch den Garten und hofften darauf, dass sich Sissi erneut bemerkbar machen würde. Was sie dann auch tat. Zu unserem Entsetzen stellten wir fest, dass sie einen terrassenförmig angelegten Hügel hinabgesprungen war und tief unten, zehn oder fünfzehn Meter von uns entfernt, in einem fremden Garten auf einem Plateau gelandet war. Ich muss dazu sagen, dass unsere Hündin zwar entzückend, aber leider nicht mit besonders viel Intelligenz gesegnet ist. Sie bringt sich gerne in die unmöglichsten Situationen. Und während ein anderer Hund wahrscheinlich gedacht hätte: Oh, das ist zu tief, da sollte ich mal lieber nicht hinunterspringen, wird sich Sissi gefreut haben: Oh, da unten ist ein Regenwurm, dem sage ich mal freundlich Hallo.«

Meine gesamte Familie war in großer Aufruhr, denn eins war klar: Ob verletzt oder nicht, Sissi würde sich von dort nicht alleine befreien können. Allerdings war unser Grundstück, um es vor Einbrüchen zu schützen, mit einem sehr hohen schmiedeeisernen Zaun versehen, an dessen Ende sich auch noch lauter Zaunspitzen befanden. Doch ich dachte nur an unsere arme Hündin, die hilflos dort unten lag, und erklärte entschlossen: »Ich bin ja noch so gelenkig von »Let's Dance«. Ich ziehe mir jetzt meine Sportschuhe an, klettere über den Zaun und rette den Hund.« Während ich mich wie einen Schmetterling über den Zaun flattern, den Hund unter den Arm nehmen und zurückfliegen sah, stellte sich mein besorgter Mann seine auf dem Gartenzaun aufgespießte Frau vor und bremste mich entschlossen: »Auf gar keinen Fall. Keiner von uns wird da hinüberklettern, und dann auch noch vor den Augen unserer Kinder. Ich rufe jetzt die Feuerwehr!« Ich sah ihn mit großen Augen an und schüttelte entschlossen den Kopf: »Wie peinlich ist das denn? Wir ziehen hier ein und rufen schon nach wenigen Tagen die Feuerwehr, weil wir einen Hund haben, der zwar super süß ist, aber die Intelligenz eines Toastbrots besitzt! Außerdem – wie soll das gehen? Ein Feuerwehrmann seilt sich fünfzehn Meter ab, um einen kleinen Hund zu retten? Das kann ich mir irgendwie nicht vorstellen.« Seufzend stellte mein Mann fest: »Also gut! Ich steige jetzt ins Auto und fahre die Nachbarschaft ab, um herauszufinden, von welchem Haus aus ich am besten an die Stelle gelangen kann, wo Sissi liegt.« Sophia erklärte sofort, sie werde mitkommen, und noch während die beiden aktionistisch davoneilten, dachte ich: O Gott, das wird ja was werden. Mit unserer großen Familienkutsche in den kleinen italienischen Gassen, in denen man weder wenden noch richtig zurücksetzen kann. Doch mein Mann hatte einen Plan, also ließ ich ihn machen. Kaum war Alexander weg, nahm ich mir vor, trotzdem über den Zaun zu klettern, um ihm bei seiner Rückkehr triumphierend unsere Sissi entgegenzustrecken und heldenhaft zu verkünden: Ich habe sie gerettet.

Als ich mich aber ans Werk machen wollte, stellte ich entsetzt fest, dass mein Mann aus Versehen den Hausschlüssel und den Öffner für das Einfahrtstor mitgenommen hatte, sodass Angelina und ich eingesperrt festsaßen. Wir waren im eigenen Haus, auf dem eigenen Grundstück wie in einem Sicherheitstrakt für die Mafiosi dieser Welt eingesperrt! Zu allem Überfluss fing Sissi nun auch noch an, sich auf dem terrassenförmigen Plateau zu bewegen – und zwar in Richtung des nächsten Abgrunds. Schlimmstenfalls würde sie auch noch auf das nächste Grundstück hinabstürzen. Mir wurde klar, dass ich sofort handeln musste, also überlegte ich: Wenn ich irgendwie das Einfahrtstor überwinden könnte, ungefähr zwei Kilometer am See entlangjoggte und auf der anderen Seite des Hügels wieder hinaufrannte, dann müsste ich irgendwann zu der Einfahrt kommen, über die ich zu Sissi gelangen kann. So könnte ich den Hund retten, würde allerdings meine elfjährige Tochter alleine lassen müssen. Im Bruchteil einer Sekunde entschied ich, die Sache zu wagen und bläute Angelina ein: »Du bleibst jetzt hier auf deiner Liege sitzen und rührst dich nicht vom Fleck. Ich hole Sissi und bringe sie nach Hause, das kann aber eine Weile dauern. Du musst mir vertrauen!«

Als ich nun vor dem hohen Einfahrtstor stand und nach einem Schlupfloch suchte, dachte ich nur: Das

Leben ist doch ganz schön verrückt! An einem Tag verlierst du einen Haufen Geld, weil du den falschen Leuten vertraut hast, am anderen stehst du eingesperrt auf deinem eigenen Grundstück vor einem fünf Meter hohen Garagentor und willst deinen Hund retten. Totally crazy! Ich entdeckte einen kleinen Spalt, durch den ich mich hindurchzwängen konnte und musste dabei über mich selbst lachen. Im Joggingoutfit mit Bikini drunter, vom Putzen völlig verschwitzt und verdreckt, dachte ich: Wenn jetzt jemand kommt und ein Selfie mit dir machen will, siehst du ziemlich alt aus.

Endlich in Freiheit begann ich, bei vierzig Grad den nicht enden wollenden Hügel hinabzurennen, um dann an einer viel befahrenen Straße weiterzujoggen. Und während ich versuchte, den vorbeirasenden Autos auszuweichen, schoss mir durch den Kopf: Judith, lauf gescheit und konzentrier dich! Nicht dass deine zwar mutige, aber etwas eigenwillige Rettungsaktion damit endet, von einem Auto erwischt zu werden. Das kannst du deinen Kindern und deinem Mann nicht antun. Und dann fiel mir eine Parallele zum wahren Leben auf: Durch die anfahrenden Autos blies mir immer wieder heftiger Wind entgegen, und das konnte ich auf mein Leben übertragen. Es ist nicht angenehm, aber ich muss es ertragen, um an mein Ziel zu kommen. Und auch wenn es mich zermürbt, werde ich am Ende dankbar sein, alles durchgestanden zu haben! Aber gibt es vielleicht eine Möglichkeit, das Ganze für mich erträglicher zu machen? Weil ich Joggen hasste und mir bereits vom Putzen die Beine unendlich schmerzten, trickste ich mich selbst aus. Ich stellte mir Tanzschritte vor, die ich absolvieren musste, und rannte Kilometer für Kilometer mal im Cha-Cha-Cha und mal im Quickstep, um mich bei Laune zu halten.

Die erste Einfahrt, an der ich vorbeikam, war verschlossen und verwildert. Mir war klar, dass es nicht die sein konnte, nach der ich suchte. Also rannte ich weiter, vorbei an einer stinkenden Müllhalde bis zum nächsten Anwesen, das wie ein Hochsicherheitstrakt vor mir lag. Nein, dachte ich intuitiv, das war es auch nicht. Als Nächstes kam ich an einem Hotel vorbei, in dem wir schon einmal gewohnt hatten, und einige Lieferwagen mit Hotelangestellten fuhren an mir vorbei. Sie erkannten mich, winkten und riefen freudig: »Ciao, ciao, Signora Williams!« Mit letzter Kraft winkte ich mit einem gequälten Lächeln zurück und tat so, als würde ich einfach nur joggen. Doch so, wie ich aussah, dachten sie wahrscheinlich: Was macht die denn in einem derart desolaten Zustand mitten auf der Straße?

Mein Bauchgefühl sagte mir plötzlich, dass ich zu weit gelaufen war, weshalb ich abrupt umdrehte und zurücklief. Ich kam an einem Eingangstor vorbei, das mir vorher nicht aufgefallen war und das sich just in diesem Moment einen Spalt zu öffnen begann. Ohne weiter darüber nachzudenken, quetschte ich mich durch die Lücke und befand mich nun auf einer Privatstraße, die steil nach oben ging und an verschiedenen Villen vorbeiführte. Ich rannte und rannte und rannte, obwohl ich nicht mehr konnte und sich meine Beine anfühlten, als würden sie am Boden festkleben und als müsste ich sie mit aller Kraft von dort wegziehen. Zwar kam ich Millimeter für Millimeter vorwärts, hatte aber das Gefühl, mich gar nicht von der Stelle zu bewegen. Und mir wurde klar, dass es sich im Leben häufig genauso anfühlt: Du denkst, du bewegst dich nicht, dabei bewegst du dich sehr wohl und bist deinem Ziel schon viel näher als eigentlich vermutet. Ich dachte an Sissi, die nichts für ihre mangelnde Intelligenz konnte, vor allem aber dachte ich an meine Töchter, die es nicht ertragen würden, wenn dem Hund etwas zustieße. Also quälte ich mich weiter den Hügel hinauf und redete mir selbst Mut zu: Judith, du bist hier richtig! Irgendwie wusste ich es einfach. Und während ich im Schweiße meines Angesichts mit schmerzenden Oberschenkeln entschlossen auf mein Ziel zusteuerte, fühlte es sich wie eine Wiederausrichtung meines eigenen Lebens an. Jeder Schritt brachte mich wieder zu meinem Bauchgefühl zurück, das mich immer ausgemacht hatte und das ich nie hätte missachten dürfen.

Eine Rettung in drei Akten: Akt 2 – Das Wiederfinden

Endlich stand ich vor einem riesigen, schmiedeeisernen Tor und mir wurde klar, dass das Grundstück einer reichen Russin gehörte, die wir einmal kennengelernt hatten. Irgendwann hörte ich erst aus der Ferne das

Winseln und Jaulen meines Hundes, dann das verzweifelte Rufen meiner Tochter: »Mama, wo bist du?!« Ich beruhigte Angelina, die hoch oben von der Terrasse aus alles beobachtete und offensichtlich immer noch alleine war: »Schatzi, vertrau mir, es wird alles gut! Ich klettere jetzt über das Tor und befreie Sissi!« Mit letzter Kraft kletterte ich wie Spiderman an dem Tor hinauf und verspürte plötzlich eine unbändige Freude – wie so oft im Leben, wenn man kurz vor dem Ziel ist. Und genau diese Freude setzte ich in eine wundervolle Energie um, die mich automatisch die letzten, entscheidenden Schritte gehen ließ. Dabei motivierte ich mich selbst: Diese Energie, die kurz vor einem Ziel entsteht, musst du nutzen und einsetzen, um die nächsten Schritte zu gehen. Meist nutzen wir nur einen Bruchteil des Potenzials, das in uns steckt – dabei können wir so viel mehr. Das Einzige, was uns begrenzt, sind unsere Gedanken. Doch wir dürfen uns von ihnen nicht einschränken lassen, sondern müssen vielmehr auf unsere Intuition hören, die keine Begrenzung kennt. Wenn es nach unserem Bauchgefühl ginge, könnten wir uns in aller Fülle erleben und ausleben.

Mit diesem Gedanken landete ich auf der anderen Seite des Tors und blickte direkt in eine russische Überwachungskamera. Und da ich es von Berufs wegen nicht anders kenne, machte ich das, was ich immer mache, wenn ich eine Kamera sehe: Ich lächelte! Und dachte dabei: Judith, bist du eigentlich total bescheuert? Das ist eine Überwachungskamera und kein Fotoshooting auf dem roten Teppich. Du bist auf das Grundstück einer Russin eingedrungen, die wahrscheinlich in einem ihrer russischen Salons sitzt, sich gerade die Haare machen lässt und abwechselnd in ihre Kameras blickt: Ach, schau ich doch mal, was bei mir auf dem Grundstück gerade so los ist. Und dann sieht sie, wie Judith Williams nassgeschwitzt, in einem erbärmlichen Outfit über ihr Tor klettert und auch noch in die Kamera lächelt. Das war doch ein Witz! In meiner Unsicherheit faltete ich hastig die Hände, nickte mit dem Kopf rauf und runter und murmelte: »Grazie, grazie.« Bis mir klar wurde, dass das ja noch bescheuerter war, weil sie mich gar nicht hören konnte. Also rannte ich, nachdem ich meinen Auftritt vor der Kamera beendet hatte, weiter und vernahm aus einer anderen Richtung Alexanders Stimme, wie er nach dem Hund rief: »Sissi, komm hier durch, komm jetzt sofort hier durch!« Ich entdeckte ihn auf dem Nachbargrundstück, fuchtelte mit den Armen und schrie: »Alexander, ich bin hier drüben auf der anderen Seite!« Unsere eingesperrte Tochter verfolgte das Spektakel weiter angespannt von der Terrasse aus, während Alexander wissen wollte, wie ich denn hierhergekommen sei. Ich rief ihm zu: »Das ist eine lange Geschichte, die erzähle ich dir später. Aber was machst du denn da?« Alexander erklärte mir, dass er auf einer Leiter stehend Sissi sehen könne und sie dazu bewegen wolle, die Terrassen wieder hochzuklettern. Daraufhin erklärte ich ihm: »Alexander, dieser Hund hat drei Gehirnzellen, du wirst ihn nicht dazu kriegen, ohne dass er wieder abstürzt.« Während wir so diskutierten, beide in fremde Gärten eingebrochen, er auf seiner Leiter, ich hinter meinem Gartentor, dachte ich: Wenn uns hier einer sieht, lassen sie uns direkt ins Irrenhaus einliefern. Da mein Mann Halbitaliener ist und demnach gerne häufiger, wie in seinem Heimatland üblich, einen langen Redeschwall von sich gibt, erklärte er mir zehn Minuten lang seinen Plan, mit dem er Sissi wieder nach oben befördern wollte. Bis ich ihn irgendwann unterbrach: »Ich gehe jetzt zu Sissi und hole sie da raus.« Woraufhin Alexander wissen wollte, wie ich mit dem Hund übers Tor klettern wollte?« Tja, das war eine gute Frage, denn das wusste ich noch nicht so genau. Aber das würde ich nun auch noch irgendwie hinbekommen.

Meine Intuition sagte mir nämlich, dass ich es schaffen würde. Und das Wichtigste in solchen Momenten ist, einen Partner und eine Familie hinter sich zu haben, die einen wirklich lieben und die blind darauf vertrauen, dass man das Richtige tun wird. Viele trauen sich nicht, den Weg der Intuition zu gehen, weil sie glauben, nicht mehr umkehren zu können. Doch ich sage Ihnen: Umdrehen können Sie immer, vorher aber sollten Sie auf ihr Innerstes vertrauen und versuchen, diesen Weg zu gehen.

Also befreite ich Sissi aus ihrem Gefängnis, lief mit ihr auf dem Arm Richtung Gartentor und blickte etwas ratlos hinauf. Um dann zu denken: Gott sei Dank warst du bei »Let's Dance«! Es zahlt sich doch alles aus im Leben. Und so kletterte ich einhändig mit Sissi auf dem Arm das Tor hoch und blieb erschöpft oben sitzen. Um dann zu beschließen, mich mit den Füßen einzuhaken und kopfüber herabhängen zu lassen, um Sissi dann auf den Boden werfen zu können. Ich folgte meiner Eingebung, und während ich kopfüber baumelnd am Tor hing, fühlte ich mich wie eine waghalsige Zirkusartistin. Etwa auf halber Höhe ließ ich den Hund los, und Sissi landete gesund und munter auf ihren Pfoten. Nun war ich an der Reihe und musste irgendwie wieder hochkommen. Langsam zog ich mich nach oben und stellte fest, dass Yoga gegen das, was ich da gerade tat, gar nichts war. Beim Runterspringen achtete ich nur noch darauf, dass ich nicht aus Versehen auf dem Hund landete – denn dieses Ende wäre wenig heldenhaft gewesen. Wahnsinn, ich hatte es geschafft! Ich schnappte mir Sissi, winkte meiner Tochter ein letztes Mal zu und rannte angestrengt den gesamten Weg wieder zurück – diesmal mit Hund auf dem Arm. Doch nun war ich wesentlich entspannter, und bei jedem Schritt überkam mich ein überwältigendes Gefühl. Ich hatte Gänsehaut am ganzen Körper vor lauter Freude darüber, dass ich es tatsächlich hingekriegt hatte, den Hund zu befreien. Ich stellte mir vor, wie die Kinder strahlen würden, wenn ihre Mama die kleine Sissi zurückbrachte. Und wie dankbar sie und Alexander sein würden, dass ich nicht aufgespießt auf einem der Mafiosizäune hing. Ich war einfach glücklich darüber, eine solche Leistung vollbracht zu haben.

Auf dem Rückweg fühlte ich mich wie auf dem Jakobsweg, denn während ich über das Geschehene nachdachte, drang so unglaublich vieles in mein Bewusstsein.

Wenn man meine Idee, wie ich den Hund befreien wollte, zu Beginn nüchtern betrachtet hätte, würde wohl jeder gesagt haben: »Der Aufwand lohnt sich nicht, mach das anders.« Doch ich hatte mich von meiner Intuition leiten lassen und war mit Erfolg belohnt worden. Natürlich gibt es Momente, in denen einen sein Bauchgefühl verlässt – so wie es bei mir gerade in meiner Business-Angelegenheit passiert war –, umso wichtiger ist es jedoch, es sich zurückzuerobern. Denn die schwierigen Situationen, in die wir manchmal geraten, lassen sich am besten durch Intuition lösen. Deshalb ist es notwendig, die eigenen Gedanken, die innere Einstellung und die eigene Energie in die richtige Richtung zu lenken – nämlich dorthin, wo sie uns guttun. Wir Menschen können extrem selbstzerstörerisch sein, indem wir unsere eigenen Gedanken ständig hinterfragen und uns kleinmachen. So wie ich, als ich dachte, meine Business-Partner seien erfahrener und angesehener als ich, weshalb ich in meinen Augen ohne Frage zurückzustecken hatte. Gerade in solchen Momenten ist eine gesunde Disziplin notwendig, die dazu führt, dass wir uns selbst ernst nehmen und unser wichtigster Ratgeber sind. Aus jedem Bauchgefühl heraus entsteht erfülltes Leben, davon bin ich fest überzeugt. Und hierbei geht es nicht um das eigene Ego, sondern einzig und allein um inneres Glück. Vor jeder Entscheidung, die aus unserer Intuition heraus entsteht, sollten wir uns fragen: »Tu ich das, um Ruhm und Anerkennung von außen zu bekommen? Um jemand anderen zufriedenzustellen? Oder geht es um etwas tiefes Inneres?« Und wenn die letzte Frage eindeutig mit Ja beantwortet werden kann, ist kein Weg zu weit und kein Zaun zu hoch, um nicht dem Herzen zu folgen.

Eine Rettung in drei Akten: Akt 3 – Die Zusammenführung

Ich lief vorbei an der altbekannten Müllhalde, an den verschlossenen Toren der großen Anwesen, entlang der viel befahrenen Straße und den langgezogenen Hügel hinauf, als sich plötzlich von hinten mein Mann Alexander mit unserer Tochter Sophia näherte. Sie waren, nachdem sie meine spektakuläre Rettungsaktion beobachtet hatten, wieder ins Auto gestiegen und hatten ihre eigene Rettungstour abgebrochen. Völlig erschöpft stieg ich zu ihnen in den Wagen, und wir fuhren zurück zu unserem Haus, wo uns eine weinende Angelina empfing. Heulend erklärte sie mir, sie habe gedacht, ich sei gekidnappt worden, weil ich so lange verschwunden war. Tröstend nahm ich sie in die Arme und mir wurde bewusst, wie schwer die Situation vor allem für meine jüngere Tochter gewesen sein musste. Sie hatte dort oben auf der Terrasse tatenlos zusehen müssen, wie wir alle um die Befreiung des Hundes bemüht waren.

Jedes Drama des Lebens hat seine Rollen, die von den Beteiligten gewollt oder ungewollt eingenommen werden. Mein Mann, der Beschützer, der selbst losfuhr, um zu helfen, sperrte uns versehentlich ein. Er wollte aktiv sein, etwas verändern und die Situation verbessern. Sophia, die seine Idee für gut befunden hatte und sich ihm deshalb anschloss. Ich selbst, die darauf bestand, es eigenständig hinzubekommen. Schlussendlich wurde Angelina dadurch in die Rolle der Beobachterin gezwungen, obwohl sie sich gewünscht hätte, ebenfalls mit anpacken zu können.

Nun kommt es auf die Einstellung aller Beteiligten an, ihre Rollen auszufüllen. Ob wir es schaffen, genügend Energie hineinzugeben, um am Ende sagen zu können: Ich war zu genau der richtigen Zeit am richtigen Ort und habe die Situation dazu genutzt, um das Beste daraus zu machen. Egal, welche Rolle das Leben uns gerade auferlegt, wir müssen sie annehmen und sie in etwas Positives umwandeln. Unsere Hauptverantwortung liegt darin, unsere Rolle anzuerkennen und Verantwortung dafür zu übernehmen, denn erst dadurch übernehmen wir auch Verantwortung für uns selbst.

Jede Situation unseres Lebens verbessert sich automatisch, wenn wir gedanklich für einen kurzen Moment auch in die Rollen der anderen schlüpfen und uns vorstellen, wie sie sich gerade fühlen. Wir sollten die Welt mit den Augen der anderen betrachten, um Lösungen zu finden. Nicht jeder tut sich damit leicht, doch oft sind es gerade Frauen, die das besonders gut können. Auch wenn wir die Haltung unseres Gegenübers nicht verstehen (ja, in meinen Augen hätte mein Mann nie losfahren müssen, und ich wäre ohne Umschweife wie eine Heldin über den schmiedeeisernen Zaun geklettert), sollten wir signalisieren, dass wir sie trotzdem in gewisser Weise nachvollziehen können. Worte wie »Ich verstehe, dass die Situation sehr schwer für dich sein muss« können sehr heilsam für den anderen sein, denn er fühlt sich dadurch verstanden und aufgefangen. Es wird signalisiert: Ich höre dich, ich sehe dich, und ich fühle mit dir. Es tut mir leid, dass ich die Situation, in der du dich befindest, nicht sofort ändern kann. Wenn ich es könnte, würde ich es tun.

Deshalb öffnet in den Dramen dieser Welt die Arme und liebt den, der im selben Stück mitspielt wie ihr. Werdet zu Verbündeten, wenngleich ihr unterschiedliche Rollen einnehmt.

Nachdem wir unseren Hund alle glücklich zurück im Leben willkommen geheißen hatten, setzten wir uns zusammen und dachten über die gemeinschaftliche Rettungsaktion nach. Wir stellten fest, dass niemand von uns an diesem verrückten Vorfall Schuld war, auch Sissi nicht, denn sie kann ja nun mal nichts für die Anzahl ihrer Gehirnzellen. Und dann erkannten wir einmal mehr, dass das Leben Teamwork pur ist. Kein »Alleinwork«. Teamwork ist das, was uns erfüllt, was uns am Ende unserer gespielten Rollen gemeinsam vorm Publikum, dem Leben, verbeugen lässt. Und trotzdem fragten wir uns: Was können wir beim nächsten Mal besser machen? Was können wir aus dem Erlebten lernen? Was hätte jeder Einzelne in der Situation noch besser beitragen können, was hätten wir uns voneinander gewünscht, um selbst besser performen zu können? Dieser Ansatz sollte in jedem Business, in jeder Beziehung, in jeder Familie vorhanden sein, denn dann würde ein perfektes Zusammenspiel aller Beteiligten entstehen.

Und während meine Tochter ihren Kopf auf meinen Schoß legte und ich ihr darüberstrich, blickte ich auf den wunderschönen See hinab und dachte: Mensch, Judith, das verlorene Geld bei diesem missglückten Geschäft hat überhaupt keine große Beachtung verdient. Es hat einfach nur seinen Besitzer gewechselt. Mir wurde klar, dass die Schuldfrage unerheblich war, denn jeder an der Situation Beteiligte hatte auch in diesem Fall seine ganz eigene Sichtweise. Viel lieber wollte ich aus den Erfahrungen dieser Geschichte lernen und es beim nächsten Mal anders machen. Natürlich hatte ich einen hohen Preis dafür bezahlt, nicht auf mein Bauchgefühl gehört zu haben. Aber im Rückblick wurde der Verlust des Geldes für mich immer kleiner und der Schatz, den ich durch meine Erkenntnis erlangt hatte, immer größer. Alle Herausforderungen, die wir als positiv annehmen, öffnen uns Türen zu unserem wahren Ich. Wenn wir dann auch noch so wie ich von wunderbaren Menschen umgeben sind, die uns wirklich lieben und uns so akzeptieren, wie wir sind, kann nichts mehr schiefgehen.

Der innere Reichtum, den wir auf diese Weise erfahren, ist das, was uns schlussendlich erfüllt. Deshalb sollten wir wirklich lernen, mit Höhen und Tiefen, mit Schmerz, mit Weinen und Lachen zu leben. Denn wenn wir achtzig sind, wollen wir nicht dasitzen und sagen: »Ich habe wunderbare achtzig Jahre auf dem Sofa gesessen.« Viel mehr wollen wir auf ein pralles Leben zurückblicken, das uns herausgefordert, geformt und vervollständigt hat. Wir sollten glühen, so intensiv es geht, wir sollten mit positiver Energie, mit Liebe, mit Verständnis, jedoch auch mit der gehörigen Portion Ehrgeiz handeln. Ein bisschen Biss muss sein, um die nötige Muskulatur aufzubauen, die für schwierige Zeiten notwendig ist. Wenn ich nicht bei »Let's Dance« mitgemacht hätte, wie wäre ich einhändig mit Hund auf dem Arm über das riesige Tor einer reichen Russin gekommen?

An Tagen, an denen ich völlig am Ende bin, denke ich mir einfach: Judith, genieße es! In zwanzig Jahren hast du das vielleicht nicht mehr. Und dann stehst du als Highlight des Tages beim Gemüsehändler und fragst dich, was du deinem Mann kochen könntest. Das Leben ist nun mal endlich, deshalb sollten wir die damit verbundenen Anstrengungen nicht verfluchen sondern genießen. Ich stelle mir in solchen Situationen gerne eine kilometerlange Schnur vor, an der jeder schwierige Moment meines Lebens ein winzig kleiner Knoten ist. Den ich irgendwie auflösen muss, um weiterbalancieren zu können. Immer auf der Suche nach dem richtigen Weg.

Und wie Sie vielleicht gemerkt haben: Jeder einzelne Akt dieses Kapitels steht zwar auch für die Rettung meiner Hündin, vor allem aber symbolisch für die Rettung meines Bauchgefühls. Liebes Bauchgefühl, ohne dich wäre ich nichts. Mit dir bin ich alles. Komme nie wieder auf die Idee, mich zu verlassen – ich brauche dich!

Dank

An dieser Stelle möchte ich besonders meiner Familie und vor allem meinem Mann Alexander danken, der mich seit unserer ersten Begegnung immer in all meinen Ideen und Plänen unterstützt und bestärkt hat. Nicht nur, dass er mit mir unser Unternehmen aufgebaut hat und mein Berater und Manager wurde, sondern dass er vor allem die seltene Gabe besitzt, trotz seiner eigenen großen Erfolge Freude daran zu haben, mir ab und an den Platz in der ersten Reihe zu überlassen und den Rücken freizuhalten. Ohne dich wäre das alles nicht möglich gewesen, danke!

Quellenangaben

1. Kapitel: Die Magie des Lebens

Zitat Robin Williams: http://wisdomquotes.com/education-quotes/

Buch von Leo Buscaglia: »Leben, lieben, lernen«, Goldmann 1991

Film »It's a wonderful life«: 1946, Liberty Films, Regie Frank Capra

Film »Embrace – Du bist schön«: 2016, Regie Taryn Brumfit

Buch von Bronnie Ware: »The top five regrets of the dying«, Hay House UK 2012 / 5 Dinge, die Sterbende am meisten bereuen, Goldmann 2015

Buch von Louise Hay: »If life is a game, here are the rules«, Harmony 1999

2. Kapitel: Mission Working Mom

Berufstätige Mütter bei Google: https://www.google.de/search?source=hp&q=berufst%C3%A4tige+m%C3%BCtter&oq=berufst%C3%A4tige+m%C3%BCtter&gs_l=psy-ab.3..0l10.1103.10520.0.10686.42.31.11.0.0.0.145.3028.18j13.31.0....0...1.1.64.psy-ab..0.42.3296...0i131k1j0i13k1.0.7tWjWEFGQ4w

Zitat Gina Lollobrigida: »Es ist leichter einen Mann zu finden, als ihn wieder loszuwerden«: https://entertainment.unitymedia.de/7-dinge-die-wir-ueber-dating-beim-bachelor-lernten/

3. Kapitel: Die Kunst des Verkaufens

Zitat »Blühe, wo du gepflanzt wirst«: https://www.donaukurier.de/lokales/ingolstadt/Bluehe-du-gepflanzt-

bist-Dieses-Mutmacher-Wort-stammt-vom-heiligen-Franz-von-Sales-einem-Bischof-der-im-Angedacht;art599,3010142
Zitat Henry Ford: http://www.worte-des-erfolges.de/uberzeugen-und-verkaufen/

4. Kapitel: Live your dream

Zitat »Stillstand ist Rückschritt«: https://www.zeitblueten.com/news/zitate-management/
https://zitatezumnachdenken.com/albert-einstein/10474
Frauen als Führungskräfte:
https://ec.europa.eu/germany/news/frauen-f%C3%BChrungspositionen-deutschland-im-eu-vergleich-weit-hinten_de
Statistik Kosmetik deutschlandweit: https://www.zeit.de/wissen/gesundheit/2016-02/kosmetik-check-faltencreme-pflegeprodukte-inhaltsstoffe-gesundheit
Zitat Platon: http://anouk-hippertchen.blogspot.com/2010/12/platon-wenn-es-etwas-gibt-wofur-es-zu.html

5. Kapitel: Die Höhle der Löwen

Zitat Marc Zuckerberg: https://www.wiwo.de/erfolg/beruf/motivation-die-inspirierendsten-sprueche-erfolgreicher-menschen/10369012.html

6. Kapitel: Let's Dance!

Geschichte des Tanzens:
http://luavirtual.at/tanzstunden/tanzgeschichte-uberblick/
Songtext »Dancing throug life«
https://www.golyr.de/wicked/songtext-dancing-through-life-476688.html
Songtext »For good«
https://www.golyr.de/wicked/songtext-for-good-476682.html

Bildnachweis

Alle Fotos © Judith Williams Privatarchiv außer:

Seite 1: © Julia Saller
Seite 2 (unten): © Julia Saller
Seite 4: © Julia Saller
Seite 10: © Bernd Maurer
Seite 17: © Gabo
Seite 21: © Julia Saller
Seite 23: © Stefan Gregorowinus
Seite 24 (oben): © Stefan Gregorowinus

Wir haben uns bemüht, alle Rechteinhaber ausfindig zu machen, verlagsüblich zu nennen und zu honorieren. Sollte uns dies im Einzelfall aufgrund des Zeitablaufs und der schlechten Quellenlage bedauerlicherweise einmal nicht möglich gewesen sein, werden wir begründete Ansprüche selbstverständlich erfüllen.